Pacto en la oscuridad
¿Qué darías por tener el poder de cambiar tu pasado?

Escorce, Hugo Andrés
   Pacto en la oscuridad: ¿qué darías por tener el poder de cambiar tu pasado? / Hugo Andrés Escorce; edición literaria a cargo de Luis Pedro Videla - 1ª ed. Ciudad Autónoma de Buenos Aires: Deauno.com, 2014.
   158 p.; 21 x 15 cm.

   ISBN 978-987-680-078-5

   1. Superación personal. I. Videla, Luis Pedro, ed. lit.; II. Título.

   CDD 158.1

Queda rigurosamente prohibida, sin la autorización escrita de los titulares del copyright, bajo las sanciones establecidas por las leyes, la reproducción total o parcial de esta obra por cualquier medio o procedimiento, comprendidos la fotocopia y el tratamiento informático.

© 2013, Hugo Andrés Escorce
© 2014, Deauno.com (de Elaleph.com S.R.L.)
© 2014, Luis Videla, edición literaria

contacto@elaleph.com
http://www.elaleph.com

Para comunicarse con el autor: em_hugoandres@hotmail.com

Primera edición

ISBN 978-987-680-078-5

Hecho el depósito que marca la Ley 11.723

Impreso en el mes de abril de 2014 en
Biblográfika, de Voros, S. A.
Bucarelli 1160, Buenos Aires, Argentina

Hugo Andrés Escorce

Pacto en la oscuridad
¿Qué darías por tener el poder de cambiar tu pasado?

deauno.com

Dedicatoria

De nuevo, dedico mis palabras a Dios, agradeciéndole porque me ha bendecido al tener la familia que tengo, los amigos y personas que he conocido y todas aquellas que conoceré, pues aun con todos los errores que continúo cometiendo, sigue llenando mi vida de tantas experiencias lindas y enriquecedoras, que no dejan de nutrirme el alma y la mente.

Una gran mención para mis padres Eufredo y Luz Marina, y mis hermanos Carlos y Daniel, quienes siempre me han apoyado en todos mis proyectos, y aun en la distancia siguen siendo mis mejores amigos y consejeros. A L. Florez, quien se ha convertido en mi gran apoyo estando yo tan lejos de casa y a quien desde hace años llevo en mi corazón como parte de mi familia; a a K. Santana, por ofrecerse tan desinteresadamente para ayudar en la corrección de estas páginas; a I. Loaces y R. Ward por abrir las puertas de su casa y su corazón a quien como yo les era inicialmente un extraño; y finalmente quiero agradecer a J. Joga y R. Montás, por ser tan excelentes amigos y acompañarme tan solidariamente en mis buenos y malos momentos de estos últimos tiempos.

Mensaje para los lectores

Las personas que nos rodean pueden traernos felicidad y tristeza, pero lo más importante es que también nos pueden brindarnos aprendizaje. Esta es la actitud contraria a pensar que nadie aprende de las experiencias ajenas. Es que no debemos olvidar que con lo corta que es la vida, sería imposible cometer todos los errores y aciertos posibles, y es por eso que debemos esforzarnos por aprender de las vivencias de los demás. No pienses que tu experiencia de vida es la única historia importante que se está escribiendo en estos momentos, pero tampoco caigas en el lado opuesto y desvalorices la importancia de tu existencia. Recuerda que tú también puedes ser un punto de referencia y aprendizaje para aquellos quienes te rodean.

Siempre ten presente:

Que es de sabios aprender de las experiencias de los demás.

Que si no aprendes de tus errores, estarás cometiendo otro gran error.

Que aunque no lo sepas, siempre hay personas observándote.

Casi todo lo que hacemos cada día es minúsculo, pero nunca insignificante, puesto que es la suma de pequeños acontecimientos, los que al final de un día hacen crecer o decrecer a toda la humanidad, por eso es mucho mejor que todos tengamos más aciertos que desaciertos.

Aunque no lo hayas notado, tus éxitos, por pequeños que sean a tu criterio, mejoran el mundo.

Introducción

Danny es un joven con tantos problemas que un día decide ponerle fin a su vida, pero cuando se da cuenta de que ha cometido un gran error, ya está cayendo de lo alto de un puente. Curiosamente se le aparece una única y desesperada manera de salvarse, y esta incluye también la opción de poder cambiar los acontecimientos que lo han llevado a estar padeciendo tanto sufrimiento. Pero el costo puede ser más caro que su propia vida.

Aunque casi nadie lo comenta, al menos una vez el vida el suicidio pasa por la mente de casi todas las personas y es una de las principales causas de muerte de la humanidad, así que no debemos asustarnos si alguna vez lo hemos pensado. Lo que no debemos olvidar es que aunque lo hiciéramos, no podríamos modificar el pasado. Lo que sí perderíamos es la oportunidad de mejorar el futuro.

Debido a su propia caída, Arial quiere enseñarle a Danny que cambiar un momento de nuestro pasado, no implica tener un mejor presente.

Capítulo 1

Viviendo una pesadilla

*"Ni tu peor enemigo puede hacerte tanto daño
como tus propios pensamientos"*

Siddharta Gautama, Buda
(543 a. C. - 478 a. C.)

—Escuchen todos, este chiste que les voy a contar sí que es bueno: Había una vez un hombre que cada vez que visitaba el bar, pedía siempre rondas de tres cervezas, las chocaba entre sí, como si estuviera brindando con alguien y se las tomaba lo más rápido que podía.

»Al cabo de un tiempo, el camarero de la barra sintió la suficiente confianza para peguntarle: "Oye, ¿por qué siempre vienes y me pides rondas de tres cervezas?"

»Y el hombre contestó: "Lo que sucede, es que yo tengo dos hermanos, pero uno vive en Francia y el otro en Australia, por lo cual nos vemos muy poco y como antes solíamos ir a bares juntos, ahora tenemos un pacto, cada vez que uno de nosotros sale, bebe tres cervezas, dos en honor de sus hermanos.

»¡Ah, qué bien!, contestó el camarero.

»Sin embargo, pasado un tiempo, una noche cualquiera, regresa el mismo hombre al bar y pide solo rondas de a dos cervezas.

»El camarero se entristeció pues supuso que algo malo le había pasado a alguno de sus hermanos, entonces le preguntó: "¿Ha fallecido alguno de tus hermanos?"

»No –contestó el hombre.

»¿Y entonces por qué ahora solo pides rondas de dos cervezas?

»Lo que sucede es que yo he dejado la bebida.»

–¡Ha, ha, ha! –Todos en la mesa rieron, de tal forma que la mitad de la gente del bar, volteó para mirar, y otro de los que estaba en la mesa, continuó diciendo:

–Miren al tipo que está sentado en la barra, ese debe ser el del chiste.

¡Ha, ha, ha! –volvieron a reír todos, y una de las mujeres de la mesa dijo, algo risueña:

–Sí, ese parece que es, pero veo que ahora está pidiendo rondas de un solo trago.

Comentario al que su amigo, el contador del chiste, respondió rápidamente, diciendo:

–Sí, es que él dejó la bebida y uno de sus hermanos está en el baño.

¡Ha, ha, ha! –Volvieron todos a reír.

"Es increíble la forma en que convivimos los seres humanos –pensó–, compartimos el mismo sol y la misma tierra, en las noches todos miramos la misma luna y todos tenemos sueños similares, sueños que al crecer, vamos abandonando y dejando que se llenen de telarañas en algún callejón oscuro de nuestras mentes. También es increíble como un grupo de personas, podemos compartir una misma religión, un mismo gobierno, un mismo gusto por la comida o la música, y aun así, con tantas cosas en común que nos unen, puede estar un ser humano como yo, acá sentado solo, en la barra de este jodido bar, ahogándome del dolor por esta pena que me está matando, mientras en esa mesa, a solo tres metros de mí, hay un grupo de individuos, riéndose a carcajadas, quien sabe por cual estúpido chiste, sin que les importe en lo más mínimo la pena que el hombre de al lado puede estar llevando, e incluso, quizás el chiste puede haber sido a expensas mías ya que todos me están mirando y mi apariencia lo amerita... El asunto es que, ¿quién sabe cuántas veces en mi vida he sido yo el que he estado riendo a carcajadas, al lado de alguien que está sufriendo alguna pena, sin que yo lo sepa o me importe? ¡Qué mierda de vida! Daría lo que fuera por cambiar lo que pasó".

–¡Oiga Mesero! Otro trago por favor –pidió Danny, mientras guardaba en su bolsillo la última carta que había recibido de Sofía, la cual decía:

Amado Danny, a donde quiera que vaya, siempre habré de recordar lo especial que fue tenerte a mí lado, perdona por dejarte a la mitad del que iba a ser nuestro camino, no siempre las cosas son como uno hubiera querido.

Espero que no me odies.

Sofía

El dolor era tan grande para Danny, que en lo único que pensaba era en el suicidio, pues ya estaba agotado de sentirse tan mal, cada segundo de su vida.

En ese momento, alguien se acercó para hablarle.

–Hola Danny,

–¿Qué? Perdón... ¿nos conocemos?

–Yo te conozco, eso basta por ahora.

–Señor, si usted verdaderamente me conociera, sabría por lo que estoy pasando y entendería que no es un buen momento para fastidiarme, así que mejor se da la vuelta y se devuelve por donde apareció.

–Arial.

–¿Qué?

–Mi nombre es Arial.

–¿Qué clase de nombre es ese?

–Es solo un nombre.

–¿Te llamas igual al tipo de letras de las que se usan en un computador? ¡Ha, ha! Qué nombre tan gracioso... y qué estúpido a la vez.

–No, más bien, ese tipo de letras se llaman igual que yo. Yo existo hace más tiempo que su invención.

–Mire señor, no recuerdo haber conocido a ningún "Arial" en toda mi vida, y si usted es de esos solitarios que frecuenta bares para conocer gente, no tengo la menor intención de hacer amigos esta noche ni hablar de mis penas con un desconocido. Si es alguno de esos evangelistas que andan por ahí predicando esas religiones extrañas, me importa un carajo Dios en este momento, así que, "Arial", ¿por qué no se larga de una vez y me deja en paz?

–Sí, Danny, Sofía murió, eso debe doler mucho, pero no creo que sea pretexto suficiente para insultar a Dios.

–¿Cómo sabes que...? ¿Quién es usted?

–Ya te dije, mi nombre es Arial.

–En verdad que no sé quién es y aunque parece conocerme, no recuerdo haberlo visto nunca.

–Estás ebrio Danny, llevas meses inundando tu cerebro de alcohol, apenas si has comido en esta última semana y has estado llenando de ira y odio tu alma en contra de Dios, de tu familia y de ti mismo, ¿no crees que ya es tiempo de retomar las riendas de tu vida y de seguir adelante?

–¿Y usted quien se cree? ¿Mi ángel guardián? Escuche, Arial o como se llame, no sé cómo sabe de mí, pero le aseguro que no conoce la historia completa, así que muchas gracias por sus consejos, y ahora, siga su camino y déjeme tranquilo.

–¿Ángel guardián? ¿De dónde sacaste eso? ¿Lees la biblia o qué? Si lo haces, ¿entonces por qué llevas tanto tiempo maldiciendo a Dios? ¿No dice en ese libro que debemos temerle?

–También dice que Dios es amor y que solo quiere lo mejor para nosotros, pero no me parece que así sea.
–Respondió Danny.

–¡Ah!, entonces sí eres un creyente.

–Creyente o no, cualquiera sabe que eso dice la biblia, no hay que ser un sacerdote para saberlo, solo tener un poquito de cultura. Lo que ahora sí confirmo, es que de seguro usted es algún evangelista, así que puede irse con su predicamento a otro lugar.

—Así que eres muy culto en cosas de la biblia, dime entonces, ¿en qué parte de la biblia se dice que Dios es amor y quiere solo lo mejor para nosotros?

—¿Y yo como voy a saber eso? Solo sé que lo dice, ¿acaso tu sabes exactamente en cuales partes de la biblia lo dice?

—Por supuesto que lo sé, lo dice en la primera carta de Juan, capítulo 4, versículo 16: "Dios es amor y el que permanece en el amor, permanece en Dios y Dios en él". Pero veo que tú no sabes si lo dice o no lo dice, solo lo crees porque has escuchado decir que lo dice, aunque no tienes la más mínima idea de si es cierto o no, ya que nunca, ni siquiera una vez en la vida, has hojeado la biblia y aun así tienes el atrevimiento de decir que tu Dios es el mismo Dios de todas aquellas personas que, a través de la historia, han practicado religiones basadas en él y de todas las que se esmeran por estudiar y entender lo que allí dice, y no solo te atreves a pensar eso sino que además llevas maldiciendo su Dios por los últimos seis meses...eso, para mí, te hace quedar como un completo imbécil.

—¿Imbécil yo? mire, creo que se está pasando de la raya, ya usted me está cansando así que váyase al demonio si no quiere que tengamos un serio problema.

—¿Qué me vaya al Demonio? ¡Ha, ha, ha! Eso estuvo cómico. ¿Acaso sabes donde vive el Demonio? Primero hablas de un ángel guardián, luego insultas a Dios y ahora me mandas al demonio, ¿no te parece contradictorio? Además, si no tienes claro quién es Dios para ti, ¿cómo puedes tener claro quién es el Demonio? Y si no tienes claro quién es el Demonio, ¿cómo puedes querer enviarme a donde él?

—Me lo imaginé, como lo dije desde el principio, tu eres uno de esos estúpidos que se creen profetas y andan intentando convencer de sus creencias a todos aquellos con los que se tropiezan.

—Quien se va a tropezar eres tú, en menos de cinco segundos, por andar bebiendo tanto.

—¿Qué?

En ese momento, la silla de Danny tambaleó y, debido al mareo que le estaba produciendo el exceso de alcohol en su cabeza, no pudo reaccionar a tiempo y se cayó de la silla donde estaba sentado. Junto con él, cayó el vaso de licor que sostenía en su mano derecha, la cual se golpeó contra el suelo haciendo que el vaso quebrara, lo que le ocasionó una gran cortada en la palma de su mano.

Las luces del lugar eran tenues, la música estaba alta y casi todas las personas estaban enfocadas en sus propias conversaciones, por lo que pocos se voltearon a mirar al ebrio que se había caído de la silla.

Danny, sentado en el piso del bar, estaba casi inmóvil mirándose la herida que tenía en su mano y la sangre que salía de ella, rodando por su brazo hasta gotear en el piso y en su pantalón, un gran pedazo de vidrio había quedado clavado en su palma pero a él parecía no importarle pues en su mente estaba rondando, desde hacía varios días, la idea de acabar con su vida.

—Déjame ver esa herida —dijo Arial, inclinándose desde su silla y cogiendo con su mano, la muñeca de Danny.

–Danny, mira lo jodido que estás. –Continuó Arial diciendo.

–Yo pensaba que los evangélicos no podían decir groserías. –respondió Danny.

–Por eso estás como estás, con tu vida vuelta mierda, te apresuras a sacar conclusiones sin tener suficientes argumentos y eres tan estúpido que crees tener talento para entender todo lo que te rodea, y resolver solo todos tus problemas. Ahora, quédate quieto, voy solucionar la estupidez que acabas de cometer.

Arial, giró su cuerpo para quedar en frente de Danny y mientras sostenía con su mano derecha la muñeca de la mano que sangraba, sacó el vidrio enterrado con su mano izquierda. Danny se quejó por el dolor que sintió y por reacción, intentó soltarse pero, sin aparentar el menor esfuerzo, Arial mantuvo agarrada firmemente la muñeca ensangrentada, con lo cual, Danny se sorprendió de la fuerza que tenía aquel desconocido.

–Quédate quieto, te dije.

–Luego, Arial cogió su propio vaso de bebida y vertió el alcohol que quedaba sobre la herida de Danny, quien volvió a quejarse pero seguía teniendo su mano agarrada.

–Que te quedes quieto, te dije.

Después, cogió la servilleta que cubría su vaso y con ella comenzó a limpiar la sangre que aun salía por la herida y sin que Danny lo esperara, Arial, con su mano izquierda, apretó fuertemente su mano herida y en ese momento Danny gritó del dolor, pero no pudo soltarse, por el contrario, Arial lo jaló hacía arriba y de un solo tirón logró ponerlo de pie.

–¿Qué diablos te sucede, imbécil? –Gritó Danny.

–Te ayudo a ponerte de pie, ¿o es que pensabas quedarte allí tirado el resto de la noche?

–Pero me estás lastimando la jodida mano.

–No sabía que fueras tan débil para no aguantar un apretón de manos.

–Imbécil, ¿no ves que está cortada?

–No veo nada.

En ese momento, Arial soltó la mano de Danny, quien de inmediato la abrió y volteó para poder vérsela. Con gran sorpresa vio que la herida que suponía tener era un simple rasguño del que solo alcanzaban a salir unas gotas de sangre.

–¿Pero qué diablos...? ¿Cómo lo hiciste? ¿Quién diablos eres?

–El Diablo.

–¿Qué?

–Que tú mencionas al diablo en cada jodida frase que dices, como esperas que te vaya bien en tu vida si a todo momento estás llamando al diablo... ¿No deberías mejor llamar a Dios?

–¿Cómo hiciste para curarme la herida?

–No te entiendo, yo aún veo una herida en tu mano.

–Sí, pero no es ni la mitad de la herida que me hice, yo tenía un vidrio clavado en mi mano, y ahora solo tengo un ligero rasguño.

–Bueno, dicen que el alcohol cura las heridas, ¿o no se supone que lo estás bebiendo hace seis meses con ese objetivo?

Danny se asustó mucho y se sintió muy vulnerable en ese momento, ya que sabía que su estado de embriagues quizás lo estaba haciendo ver cosas que no eran ciertas, además sabía que, estando borracho, no podría reaccionar con sus cinco sentidos, así que decidió escapar del lugar.

–¡Mesero!, ¡Mesero!, tráigame la cuenta... y usted Arial, no sé quién sea, ni que quiere, pero aléjese de mí.

Danny pagó rápidamente su cuenta y se apresuró a salir del bar, al llegar a la puerta, volteó para mirar nuevamente a aquel desconocido y vio como él también lo estaba mirando, por un momento, todo el bar pareció silenciarse para Danny, y una niebla cubría a todos los que estaban allí y tan solo parecían ser siluetas en la oscuridad, mientras al único que podía ver claramente era a Arial, quien lo miraba fija y penetrantemente, con una sonrisa que le pareció a Danny tan macabra que hizo que al cruzar la puerta, comenzara a correr.

Corrió al menos unas tres cuadras sin parar y cuando el cansancio lo venció, volteó a mirar para ver si alguien lo seguía pero se vio solo en mitad de la calle, entonces siguió caminando en dirección a su casa, ya que sabía que difícilmente conseguiría un taxi a esa hora y por esa zona de la ciudad. Con el agite de la carrera hecha y el susto que había tenido, el estado de ebriedad parecía haberse reducido a un simple dolor de cabeza y una sed intensa. Mientras caminaba, observaba su mano y se preguntaba a sí mismo:

"¿Cómo pudo ese hombre convertir una herida tan grande en una tan pequeña? ¿Será que el licor hizo que me confundiera y por un momento pensara que la herida era más grande de lo que realmente es? –pensaba Danny, mientras corría–. Quizás, pero yo sé que tuve un gran pedazo de vidrio clavado en mi mano y en esta pequeña herida no hubiera podido caber. ¿Será que aquel extraño me drogó sin darme cuenta y pretendía robarme? Pero entonces, ¿cómo sabía tanto de mí?"

Luego de unos minutos Danny dejó de correr y se dio cuenta que estaba parado en medio de un puente de la ciudad y en medio de él se detuvo, a su mente llegó de nuevo el deseo de suicidarse, entonces se subió al borde y comenzó a contemplar la calle que se veía debajo de él.

–Parece estar bastante alto, deben ser al menos unos veinte metros, si me lanzo de cabeza, es casi seguro que muera instantáneamente. –Pensó.

De repente, Danny escuchó una voz que le hablaba atrás de él y la sorpresa de escucharla casi le hizo caer.

–Bueno, entonces lánzate de una buena vez –dijo la voz... y era Arial.

Al darse vuelta, Danny se sorprendió de verlo, pero rápidamente concluyó que lo había seguido a escondidas.

–Imbécil, casi haces que me caiga del susto. –Gritó Danny, sin mostrar ninguna intriga o temor al verlo.

–¿Y no es eso lo que quieres? O si no fuera así, ¿entonces por qué carajo estás montado sobre el borde del puente? ¿No te parece algo estúpida la afirmación que acabas de hacer?

–No entiendo por qué me sigues, que pretendes, ¿robarme?

–¿Robarte? ¡Ha, ha!, qué cómico, qué te podría robar, si no tienes ni en donde caerte muerto.

–Entonces, ¿qué haces acá? ¿Por qué estás siguiéndome?

–Sé por qué estás así y sé por qué estás pensando en suicidarte.

–No, no lo sabes, no es solo la muerte de Sofía, eso es lo que muchos piensan, que no he podido soportar que mi novia se haya quitado la vida.

–Sí, sé que no es solo eso, sé también que una semana antes de ella morir te dijo que estaba embarazada y tú le insististe que no era un buen momento para tenerlo, argumentándole que ambos eran muy jóvenes y que ninguno de los dos contaba con buenos ingresos, entonces ahora te sientes culpable de las decisiones que ella tomó.

Danny miró a Arial, asustado y sorprendido de lo que él había dicho, pues todo aquello era cierto y no sabía cómo un desconocido podía saber algo que solo él sabía. Por unos segundos hubo silencio entre ellos, pero luego aquel extraño continuó hablando:

–Además sé que toda la vida te has sentido un fracasado, pues nunca has terminado nada de lo que has empezado y aun con el vigor que da la juventud, a tus veinticinco años no tienes ni siquiera un trabajo, o un destino claro para tu vida. También sé que nunca conociste a tu padre y nunca pudiste llevarte bien con tu madre, sientes además que ella nunca te quiso, por eso te has alejado de ella y ya nunca la visitas ni la llamas.

"¿Pero quién es este sujeto y como puede saber tanto sobre mí? ¿Será que conocía a Sofía y ella le contó todo lo que sabe?" –Se cuestionaba Danny, con gran espanto.

–Arial, no sé quién sea usted, no sé cómo sabe tanto de mí, solo sé que no nos conocíamos de antes, así que supongo que conocía a Sofía y ella le contó todo esto, sin embargo, la verdad es que en este momento no importa, ya que si su intención es chantajearme con lo que usted cree saber, no le servirá de nada, pues nada tengo para perder, y mi vida, que es lo único que ahora me queda, tampoco me importa perderla.

–¿Y qué vas a hacer? ¿Lanzarte al vacío? ¿Crees con eso revivirás a Sofía?

–Sé que ella no revivirá si yo muero, pero ya le perdí el amor a mi vida, ya no encuentro motivos para estar vivo, no encuentro razón alguna para esforzarme por conseguir algo, ¿qué caso tiene, si al final todos morimos? Si al final todo se pierde, ¿entonces para que esforzarnos? en mi caso ha sido incluso peor, Dios ni siquiera esperó a que yo muriera para quitarme lo único bueno que había conseguido.

–Entiendo tu punto, me convenciste, no tienes ningún motivo para estar vivo, entonces lánzate de una vez.

–¿Qué?

–Que te lances del puente, ¿no es por eso que estás allí montado?

–Lo voy a hacer, pero no porque tú lo dices, sino porque eso es lo que quiero.

–Entendido... salta de una vez.

En ese momento, Danny volteó su rostro, dándole la espalda al desconocido con quien estaba hablando, fijó la mirada al precipicio y respiró profundo, luego extendió sus brazos como si fuera a volar e inclinó sus rodillas con el fin de coger impulso para saltar.

Arial, quien lo observaba sin inmutarse hasta el momento, frunció el ceño al ver la aparente determinación de Danny.

–Parece que este tonto sí se va a lanzar –susurró Arial, y habló en voz alta:

–Oye, ¿qué pasaría si pudieras devolver el tiempo y cambiar lo que le dijiste a Sofía? ¿Crees que eso cambiaría la decisión que tomó?

Sin voltearse para observar a Arial, Danny irguió su cuerpo, miró hacia arriba, y suspirando, contestó:

–Daría lo que fuera por volver a ese momento y cambiar por completo todo lo que dije, pues estoy seguro que ella no se hubiera suicidado si no le hubiera dicho que abortara.

–¿Y cómo crees que sería tu vida ahora, si ella no hubiera muerto?

–No lo sé, pero seguro sería mucho mejor que ahora.

–¿Entonces piensas que si ella estuviera viva, nunca se separarían o nunca irían a tener problemas?

–Seguramente sí, pero aun así, preferiría tener que lidiar con esos problemas a tener que cargar con la culpa de saber que una gran persona se quitó la vida por mi culpa.

—¿Eso quiere decir que preferirías que ella estuviera viva, aun cuando no estuviera contigo?

—Supongo que sí, además, si por alguna razón nos separamos y yo quisiera intentar volver con ella, pues al menos tendría la oportunidad de hacerlo, pero ahora que ella no está, no puedo intentar nada, no tengo chance de una segunda oportunidad.

—Pero aun estás vivo, con solo estarlo ya tienes chance de nuevas oportunidades.

En ese momento, Danny volteó su mirada a Arial, quien pudo ver como un par de lágrimas rodaban por el rostro de aquel joven.

—Pero yo no quiero otras oportunidades, yo quiero la oportunidad que perdí. ¿Sí, ves? Por eso es que no quiero esta vida, uno tiene que resignarse y aceptar todo lo malo y estar sumamente agradecido por las migajas que recibes y si por casualidad logras algo bueno y lo pierdes, se supone que también debes aceptarlo con humildad y estar agradecido eternamente con Dios por los insignificantes y esporádicos momentos felices que de vez en cuando vivimos, y a cambio, no podemos enojarnos nunca con él por todos los malos momentos que pasamos y todos los problemas que tenemos, ¿qué clase de buena vida puede ser esa en la que uno es como un esclavo de la voluntad de Dios? ¿Qué clase de buena vida es esa en la que uno tiene más momentos malos que buenos y aun así hay que estar agradecido con Dios?

Arial se quedó mirando a Danny esperando a que pasara su agitación, y luego continuó:

—Entonces, ¿darías cualquier cosa a cambio de volver al momento en que viste por última vez a Sofía?
—Si se pudiera, sí.
—¿No importando que aunque cambiaras lo que dijiste ese día, no siguieran juntos?
—Si
—¿Estás seguro que darías cualquier cosa por algo tan incierto como eso?
—Sí, estoy seguro, además, todo futuro es incierto, ¿no es así?

Arial se rascó la cabeza, luego se tocó la quijada con su mano derecha, mientras miraba a atentamente a Danny y habló:

—Si es así, entonces te tengo una propuesta, yo te daré la oportunidad de volver al momento en que hablaste por última vez con tu novia y tú me darás lo que yo pida a cambio.

Los ojos de Danny se abrieron como nunca antes, y la sorpresa que le había causado la propuesta podía notarse claramente en su rostro, pero solo duró unos segundos, luego su mirada se tornó analítica y en silencio pensó: "Este tipo me cree imbécil, ya sé lo que está pasando, resulta que, de alguna manera este embaucador conoció a Sofía y supo de nuestra relación y ahora que ella está muerta quiere conseguir algo de dinero conmigo, sea chantajeándome o engañándome, pero igual está perdido, pues no tengo nada que me pueda quitar".

Mientras Danny pensaba todo aquello, Arial habló de nuevo:

—Danny, sé lo que estás pensando, pero no seas tonto, no tienes nada material que me pueda interesar.

Danny volvió a sorprenderse del comentario de aquel hombre.

"¿Cómo puede saber lo que estoy pensando?", se cuestionó a sí mismo, sin embargo, de inmediato pensó que seguramente había sido muy obvia la cara de incrédulo que había puesto mientras le miraba y esta persona parecía ser bastante astuta y embaucadora, así que debía ser más cauto con sus palabras y sus gestos.

—¡Ha, ha, ha! —Rió Arial, y continuó diciendo—: Sí, es cierto lo que estás pensando, soy muy astuto, pero no tienes por qué estar prevenido conmigo, ya te dije lo que te propongo, yo te daré la oportunidad de volver al momento en que hablaste por última vez con tu novia y tú me darás lo que yo pida a cambio, ¿qué te parece? Si yo incumplo no tienes nada que perder, además, si luego de eso quieres volver a este puente y suicidarte, como lo estás pensando hoy, podrás hacerlo otro día sin ningún problema... el puente no se va a ir a ningún lugar.

—Entonces Danny contestó:

—Y en el supuesto caso que tú mágicamente pudieras devolverme a ese momento, ¿qué tendría que dar yo a cambio?

—Si en verdad es eso lo que más quieres, entonces no me estarías haciendo esa pregunta, pues no habría nada que te importara sacrificar a cambio de lo que te estoy ofreciendo... Entonces, ¿qué decides? ¿Aceptas o me voy y te dejo tranquilo para que puedas lanzarte del puente?

—¡He, he, he! –Rió Danny entre dientes, pero de forma tal que Arial se diera cuenta de su sarcasmo–. Está bien, acepto, entonces ¿Qué tengo que hacer para regresar a ese momento?

—Nada, solo ve a tu casa y duerme, al despertar, estarás viviendo ese momento al que tanto deseas regresar.

—¿Así nomás? ¿No tengo que hacer nada, como algún rito mágico o pagarte dinero? –respondió Danny, nuevamente con un tono sarcástico.

—No tonto, no tienes que hacer nada, excepto que en tres días, a esta misma hora debes volver a este mismo lugar para entregarme lo que yo te pediré a cambio.

Danny pensó en preguntar nuevamente, que sería lo que tendría que dar a cambio, pero recordó las palabras que aquel misterioso hombre le había contestado hacía un minuto: "Si en verdad es eso lo que más quisieras, entonces no me estarías haciendo esa pregunta, pues no habría nada que importara sacrificar a cambio de lo que te estoy ofreciendo". Así que prefirió callar y en vez de ello, asintió con su cabeza.

—Bueno, ya es hora que te vayas a dormir, nos vemos en tres días –y dicho esto, Arial se dio la vuelta y comenzó a caminar hacia el final del puente, Danny se quedó mirándole por unos segundos y luego comenzó a caminar en dirección opuesta, cuando estaba por llegar al final de su lado del puente, volteó para mirar, pero ya Arial no se veía en ningún lado.

De camino a su casa, Danny se fue pensando en lo extraño que había sido la aparición del misterioso Arial y toda la conversación que habían tenido, reconociéndose a sí mismo, que tenía cierta curiosidad con saber que pasaría a la mañana siguiente, aunque eso no mitigaba su dolor actual. Llegando a su casa, el efecto del exceso de alcohol comenzó a sentirse más fuertemente en su cabeza y una vez tocó la cama, cayó en un profundo sueño.

Capítulo 2

De regreso al momento de tu vida que desearías cambiar

*"Debemos buscar para nuestros males,
otra causa que no sea Dios"*

Platón
(427 a. C. - 347 a. C.)

—Danny... Danny, ¿qué te pasa? Parece que te ha petrificado la noticia.

Danny reaccionó ante la voz que escuchaba y se dio cuenta que al frente suyo estaba Sofía, mirándole fijamente y ambos se encontraban en la misma mesa de la cafetería en donde se habían reunido para desayunar, el día en que ella le había contado que estaba embarazada.

Danny no lo podía creer, sentía una enorme felicidad al verla, pero a la vez una gran confusión, pues no comprendía cómo podía estar pasando, sin embargo el primer sentimiento fue más poderoso y sin pensarlo dos veces, se paró y se acercó a ella para abrazarla fuertemente, Sofía se sorprendió y también hizo lo mismo, luego le preguntó:

—Danny, mi amor, ¿qué significa este abrazo?

—Significa que estoy muy feliz de verte.

—Danny, ponte serio, nos vemos todos los días, mejor respóndeme, ¿qué piensas sobre lo que te acabo de contar?

—Sofía, te amo... y sí, me encantaría que tuviéramos un hijo. —Respondió Danny.

—¿Estás seguro? Pensé que me dirías que no es el momento adecuado... ya sabes, porque estamos muy jóvenes y además un hijo trae muchos gastos y por ahora ninguno de los dos está bien económicamente.

—Es cierto, aún sigo pensando eso, pero si tú quieres tenerlo, pues yo te apoyaré, lo que más me importa es tenerte a mi lado.

El desayuno de esa mañana terminó de forma totalmente diferente a como Danny y Sofía lo habían vivido la primera vez, ambos salieron felices y dispuestos a afrontar juntos el nuevo reto de formar una familia.

A lo largo de los siguientes tres días, Danny y Sofía se dispusieron a contarles a todos sus conocidos la noticia del bebé que venía en camino. Danny seguía sorprendido y agradecido de que se cumpliera lo que aquel extraño, llamado Arial, le había prometido y no olvidando su cita con él, antes de llegar la media noche del tercer día, Danny se dirigió al puente en donde habían acordado encontrarse, sin embargo, camino hacia allá, comenzó a preocuparse sobre lo que él le pediría a cambio por haberlo regresado en el tiempo. Finalmente, Arial no llegó a la cita y aunque Danny lo esperó por más de una hora, al ver que no llegaba, decidió marcharse, e incluso sintió un gran alivio de que esa persona no hubiera aparecido.

De regreso, le entró un enorme deseo de ver a Sofía, así que, no importando la hora, pensó en darle una sorpresa, entonces consiguió unas rosas y caminó hasta la casa de su novia.

Al llegar al edificio donde ella vivía, notó que las luces de su apartamento estaban encendidas, eso le pareció muy extraño por la hora que era, así que decidió subir sin avisar, abriendo el portón con el juego de llaves que ella le había regalado unos meses atrás. Una vez arriba, antes de abrir la puerta, pegó su oreja a esta y pudo escuchar dos voces al interior, la de Sofía, quien parecía estar llorando, y la de un hombre que no pudo reconocer, así que introdujo la llave y giró la perilla de la manera más silenciosa posible para no ser escuchado, luego entró sigilosamente hasta acercarse tanto que pudiera escuchar la conversación:

–... No le voy a decir nada hasta no saber la verdad.

–Sofía, tú sabes que por la fecha en que estuvimos juntos, el bebé puede ser hijo mío y si es así no voy a dejar que crezca sin saberlo.

–De eso no puede haber certeza hasta que le hagamos una prueba de sangre, pues también estuve con Danny esa misma semana.

–No imagino que pensaría tu nuevo noviecito si se enterara que lo engañaste con tu ex, y que ninguno de los dos, ni él ni yo, lo sabíamos.

–Tú sí lo sabías –respondió Sofía, llorando.

—No, solo me dijiste que estabas saliendo con alguien, no me dijiste que tenías una relación estable.

—No tenía por qué decírtelo, tú ya no eras parte de mi vida.

—Si eso es cierto, ¿entonces por qué terminaste en mi cama esa noche? ¡Dímelo!

—No te quiero escuchar más, vete de mi casa ahora mismo —Gritó Sofía.

—Está bien, me voy, pero en la mañana buscaré a tu novio para contarle todo.

—No será necesario esperar tanto, ya estoy acá... —dijo Danny, apareciendo en escena.

—¡Danny! ¿Qué estás haciendo aquí? —Preguntó Sofía, angustiada.

—¿No crees que la respuesta a esa pregunta es totalmente irrelevante en comparación a lo que acabo de escuchar?

—¡Quiero que se vayan de mi casa los dos! No quiero ver a ninguno... váyanse por favor —Dijo Sofía, entre gritos y llanto.

Al ver su desesperación, ambos decidieron salir, sin haber más intercambio de palabras entre ninguno de ellos, los dos bajaron juntos en el ascensor, sin mirarse o mediar palabra, una vez afuera del edificio, cada uno emprendió su camino en sentido contrario, uno del otro, pero luego de un par de pasos, el ex novio de Sofía se volteó y dijo en voz alta:

—Siento mucho que usted se enterara de esa forma la clase de persona que es Sofía. Puede quedarse con ella si quiere, pero no por eso voy a alejarme de mi hijo.

—¿Y quién asegura que no sea mío?

En ese momento, ambos miraron hacia arriba, pues una sombra que tapaba las luces del edificio, mostraba que algo venía cayendo aceleradamente sobre ellos y, con terror, vieron estrellarse contra el suelo el cuerpo de Sofía... quien se había lanzado desde el balcón.

Capítulo 3

¿Qué se gana y que se pierde, si se pudiera cambiar el pasado?

"Si ya sabes lo que tienes que hacer y no lo haces, entonces estás peor que antes"

Confucio
(551 a. C. - 479 a. C.)

Solo fue hasta el atardecer, cuando Danny pudo partir de regreso a su casa, luego de pasar por todos los trámites a los que aquel trágico incidente los llevó; desde la carrera en vano que hicieron hasta el hospital, pasando por toda la interrogación que tuvieron que rendir a la policía, hasta el tener que avisar a los familiares y amigos de Sofía, lo que había pasado.

La tristeza y la agonía lo invadían de nuevo, quizás más ahora que la primera vez en la que tuvo que pasar por lo mismo, el solo recordar la aterradora imagen de ver a su novia caer desde lo alto hasta estrellarse con el suelo, quedando su cuerpo destrozado, era mucho peor que haberla encontrado con las muñecas cortadas y desangrada, acostada dentro de la tina de su apartamento.

Llegó la noche pero Danny no podía conciliar el sueño, solo daba vueltas en su pequeño apartamento, sin saber qué hacer. Sabía cómo sería el siguiente día, ya lo había vivido, quizás esta vez sería peor, pues mucha gente iba a estar murmurando el engaño de su novia, que ya en esta nueva realidad, se había dado a conocer.

Sin poder dormir, Danny salió a caminar sin rumbo fijo, al cabo de unos minutos se dio cuenta que estaba cerca del puente de donde había pensado arrojarse unos días antes, el mismo lugar en donde la noche anterior había estado esperando al extraño que le había hecho volver en el tiempo y cambiado su presente, sin pensarlo dos veces volvió a montarse sobre el borde del puente con la idea de lanzarse.

"¿De qué sirvió haber vuelto en el tiempo? nada cambió, o mejor dicho, todo cambió pero para empeorar", pensó Danny mientras miraba desde el puente hacia abajo.

—¿Y no aprendiste nada con eso? —Dijo una voz detrás de él, la cual, sin voltear, tal como la primera vez, pudo reconocer que era de Arial.

Danny se giró lentamente para no caerse, lo que le hizo pensar que si estaba montado sobre el puente para lanzarse, no debería preocuparse si se caía accidentalmente, pero en menos de un segundo concluyó que en realidad sí le preocupaba, así que mentalmente se preguntó a sí mismo:

"Si me preocupa morirme, entonces ¿qué hago acá montado?"

–Sí, lo mismo me pregunto yo, ¿qué haces ahí montado haciendo el papelón de tonto de nuevo? –Dijo Arial, y agregó: –Si ni siquiera me has pagado lo que me debes.

Por un segundo, Danny pensó en preguntarle cómo era que sabía lo que él estaba pensando, pero recordó que aquel hombre, realmente tenía ciertos poderes extraños, entonces prefirió cambiar la pregunta a una más centrada en la conversación.

–¿Qué te debo?

–¿Cómo así? ¿No recuerdas que me dijiste que darías lo que fuera por volver al último momento en que habías hablado con Sofía? Yo te concedí ese deseo, ahora me cobraré y tú me pagarás de la manera que yo quiera, pues esas fueron tus palabras y nadie te forzó a decirlas.

El tono de Arial fue bastante fuerte, lo que asustó a Danny, sin embargo intentó disimularlo respondiendo:

–Pero al fin de cuentas, el volver al pasado no sirvió de nada, igual, Sofía está muerta y ahora es peor, porque a diferencia de hace unos días, en donde la extrañaba con inmenso dolor, ahora la extraño pero también la odio, por haberme engañado.

–Bueno, ese es tu problema, yo te concedí el deseo, lo que haya pasado después no estaba dentro del acuerdo.

–Tú sabías que eso pasaría, ¿cierto?

–No estoy acá para responderte preguntas, estoy acá para cobrar tu deuda conmigo.

–¿Y cuál será el precio?

–Alto, será un precio muy alto, pero tú mismo dijiste que "daría lo que fuera por cambiar el pasado" así que tus palabras sellaron el valor a pagar. Pero antes de decirte como me pagarás, te pregunto yo a ti, ¿no aprendiste nada de todo esto?

—¿Enseñanza?

—¡Sí, tonto! Enseñanza. Recuerda que lo importante de las vivencias es aprender algo de ellas, si no la vida se convierte en un simple desperdicio de tiempo.

—Supongo que la enseñanza es que negociar con el diablo siempre te hará terminar peor de lo que estabas.

—¡Ha, ha, ha! ¡Qué divertido eres y qué estúpido a la vez! Realmente no has logrado aprender nada valioso de todo lo que pasó, incluso pensé en no cobrarte la deuda si me dabas una respuesta que me sorprendiera, pero como no fue así, entonces ahora me toca cobrar.

Hasta el momento Danny no sabía realmente qué precio iba a tener que pagar, pero esas palabras lo asustaron tanto que, en tono de súplica, lo interrumpió diciendo:

—Arial, por favor, dame otra oportunidad.

—¿Otra oportunidad de qué? ¿De responder de nuevo o de cambiar el pasado?

Danny se demoró unos segundos en responder pues pensó que Arial parecía que le estaba abriendo una nueva oportunidad que él no esperaba, obviamente él había solicitado una segunda oportunidad de responder, pero al parecer, Arial no lo había entendido así y quizás le estaba ofreciendo una nueva oportunidad de volver al pasado.

—¿Me darías la oportunidad de volver al pasado, otra vez?

—¿Quieres eso?

—¿Podría?

—Suponiendo que aceptara, ¿a cuál momento regresarías?

Nuevamente Danny se demoró en contestar, pues él, hasta ese instante, pensaba que ambos tenían en mente volver al momento en que habló Sofía sobre el embarazo, pero, de nuevo, Arial parecía no haberlo entendido así y quizás le estaba ofreciendo la oportunidad de volver a cualquier pasado de su vida.

Su mente comenzó a viajar en un recorrido hacia su propio pasado, revisando muchos momentos de su vida, concluyendo finalmente que eran demasiados los episodios que desearía cambiar, así que se le ocurrió responder a la pregunta de Arial, diciendo:

—Pienso que la vida me ha dado muy pocas cosas por las cuales agradecer, en cambio sí me ha puesto muchos obstáculos y si a eso le sumo los errores que yo he cometido, he echado a perder esas pocas opciones que he tenido de salir adelante, es por eso que ahora no soy nadie y nada tengo, así que si pudiera volver a cualquier momento en el pasado, escogería volver al momento en que nací.

—¿Piensas que la vida te ha dado muy pocas cosas?

—Sí.

—¿Comparado con quién?

—Con la mayoría de las personas que conozco.

—Pero sí que eres bien bruto, no sabes nada sobre las estadísticas del mundo, ¿cierto?

—No soy ningún bruto, sé que hay miles de pobres en el mundo y también personas que nacieron con discapacidades físicas pero, si Dios quiere que nos comparemos con ellos para sentirnos felices con la miseria que tenemos, entonces es un mal Padre, pues si yo tuviera un hijo siempre le diría que aspirara a tener más, que no se sintiera conforme con tener lo que tiene, solo porque existen muchos pobres en el mundo, de la misma forma que también hay muchos ricos y él podría ser uno de ellos.

–Si tanto crees que puedes llegar a ser un Súper-Papá, ¿dime entonces por qué le dijiste a tu novia que no tuviera a su hijo? –Respondió Arial.

–Eso fue por otros motivos.

–Tu nunca has tenido un hijo y nunca fuiste un buen hijo, ¿aun así te sientes con la capacidad de ser crítico de Dios Padre? La verdad es que a mí sí me tocan los peores.

–¿Cómo así?

–No importa, paremos esta conversación por ahora, si lo que quieres es volver al momento en que naciste, así será, de igual forma mi cobro será tan alto que bien vale regalarte otro chance de que vuelvas a estropearlo todo. ¿Preparado para tu viaje?

–Sí

–Entonces, ¡hasta pronto!

Luego de decir eso, Arial empujó hacia atrás a Danny, quien aún estaba montado sobre el borde del puente, haciendo que cayera al vacío, escuchando su propio grito de pánico mientras veía como Arial lo observaba desde arriba, y aun pese a su grito desgarrador, logró escuchar su voz, que le decía:

—¿Por qué gritas tonto? ¿No era lanzarte desde el puente, lo que querías hacer desde el comienzo? ¡Espero que de esta caída sí aprendas algo!

Danny cayó al vacío, la caída era desde tan alto que tuvo tiempo de pensar en su impotencia del momento para cambiar lo que estaba sucediendo, de lo estúpido que había sido al querer terminar con su vida y más aún al haber ofrecido todo a cambio de un deseo cumplido que solo le había traído más dolor.

Lo último que sintió fue el golpe seco de su cuerpo contra el suelo.

Capítulo 4

Para nacer de nuevo, primero hay que morir

> *"Si no puedes avanzar un paso,*
> *retrocede diez y vuelve a intentarlo"*
>
> Lao-Tsé
> (Siglo VI a. C.)

Su cuerpo rodó varios metros sobre la pedregosa rivera, hasta la orilla del río, e inmóvil quedó entre las piedras, mojándose de un costado por el agua que alcanzaba a rosarlo y se mezclaba con la sangre que brotaba de las diferentes laceraciones que tenía.

No supo cuánto tiempo pasó entre el momento en que cayó del puente y despertó, pero desde que lo hizo supo que estaba en la habitación de un hospital y todo el cuerpo le dolía.

Con la vista aun borrosa, pues le era difícil abrir los párpados, logró ver que había alguien más en la habitación, así que intentó hablar pero de su garganta solo salieron gemidos, sin embargo, eso bastó para que la enfermera que le acompañaba en ese momento, se le acercara para atenderlo.

–¿Puedes ver mi mano? –Preguntó la enfermera, pero a Danny le costaba tanto hablar que solo pudo asentir con la cabeza.

–¿Cuántos dedos estoy mostrando? –Danny, para responder sin hablar, mostró la misma cantidad de dedos en su mano derecha.

–Sigue mi dedo con tus ojos –dijo la enfermera, y comenzó a mover su índice, de derecha a izquierda y de arriba hacia abajo.

»Parece que no sufriste daños cerebrales, lo cual es una suerte después del golpe que recibiste, sin embargo el doctor seguro te enviará a hacer algunos exámenes, ya que las contusiones en tu cabeza fueron muy severas, tanto que se fisuró tu cráneo. No te esfuerces mucho en hablar, te rompiste varias costillas y las dos clavículas, así que toda el área torácica recibió un fuerte impacto, por eso tus pulmones están resentidos y te cuesta trabajo respirar.

»¡Ah!, tampoco te esfuerces por pararte, si necesitas ir al baño solo toca este botón y alguna de nosotras vendrá a ayudarte, tienes la pierna y brazo izquierdo fracturados, pero aun así es un milagro que estés vivo y no hayas muerto al caer desde tan alto, debes darle muchas gracias a Dios y también a la pareja que te rescató, si no fuera por ellos quizás nadie te hubiera encontrado bajo el puente hasta el siguiente día, lo cual seguramente hubiera sido muy tarde para ti, pues aunque misteriosamente aguantaste el golpe de semejante caída, el río te hubiera arrastrado y estarías ahogado.»

En ese momento, entró un hombre a la habitación; la enfermera, al verlo, dijo:

—¡Qué casualidad! Justo le estaba contando al paciente sobre usted! Mire joven, él fue la persona que lo recogió, tuvo la suerte de que a esa hora, él y su novia estuvieran pasando por el puente.... Es usted un héroe señor, por parar a recoger un desconocido, esta persona le debe la vida.

—No fue nada —respondió aquel hombre, mientras se acercaba al paciente.

—Mucho gusto, me llamo Samuel —Dijo el hombre, extendiendo su mano para saludar a Danny quien, con esfuerzo, logró también extender su mano pero no le pudo hablar.

—Por ahora, él no puede hablar —dijo la enfermera—, en el accidente se fracturó varias costillas y le cuesta respirar, sin embargo entiende perfectamente todo lo que le digas, así que los voy a dejar un momento para que se conozcan mientras traigo unos papeles que necesito llenar con la información del paciente, ya que no hemos podido completarlos porque llegó a la clínica sin ningún documento que lo identificara... seguro perdiste la billetera en la caída.

Mientras la enfermera salía de la habitación Danny miraba fijamente al hombre que supuestamente lo había salvado y aunque no recordaba de donde, su rostro se le hacía bastante familiar.

Samuel, esperó a que la enfermera saliera para continuar hablando; una vez vio que ella ya no estaba cerca dijo:

—Tu nombre es Danny, ¿cierto?

Danny, se puso tenso, recordó como Arial había aparecido en su vida, conociendo cosas de él, sin saber cómo ni por qué. Ahora aparecía este nuevo personaje, que acababa de decir su nombre, aun cuando hacía unos segundos había escuchado que nadie en la clínica sabía cómo se llamaba, pues había llegado sin documentos.

Ante la sorpresa de la pregunta, Danny se quedó inmóvil, entonces aquel hombre continuó diciendo.

–Bueno, creo que te llamas Danny porque el único papel que mi novia y yo encontramos en tu ropa, mientras veníamos de camino a la clínica, es una carta firmada por una persona llamada Sofía , y por su contenido creímos entender qué saltaste del puente porque te abandonó, aunque debo decirte que no comentamos eso acá en la clínica, solo dijimos que te vimos caer, pero no habíamos alcanzado a ver si te habías caído, te habías lanzado o te habían tirado, eso es para que tu digas la versión que desees decir, es tu vida y no queremos entrometernos en eso...

»Bueno, te dejo descansar, quizás pase mañana para ver como sigues, Mariana, mi novia, está muy cansada y debo llevarla a casa, además sé que debes estar muy adolorido y en momentos así uno quiere que nadie lo moleste.

»Mira, te devuelvo tu carta, la pondré acá sobre la mesa de noche. Hasta luego.»

Danny no hizo más que un gesto con su mano para despedir a Samuel, quedando perplejo de lo que había escuchado, pues su madre se llamaba Mariana y su padre Samuel, a quien no había conocido ya que había fallecido cuando él estaba recién nacido, según le habían contado.

De inmediato asoció el rostro de aquel hombre con el de la única foto que su madre conservaba de su padre y con espanto entendió que era él con quien había acabado de hablar.

Capítulo 5
Conociendo a tu propia familia.

"Lo más increíble de los milagros es que ocurren"
GILBERT KEITH CHESTERTON
(1874- 1936)

PASADA LA MEDIANOCHE, Danny volvió a despertar, misteriosamente se sentía mucho mejor que seis horas atrás, tanto que pudo levantarse para ir al baño sin ayuda. Al regresar, vio la carta que Samuel había dejado sobre la mesa de noche, así que antes de guardarla, la leyó de nuevo:

Amado Danny, a donde quiera que vaya, siempre habré de recordar lo especial que fue tenerte a mí lado, perdona por dejarte a la mitad del que iba a ser nuestro camino, no siempre las cosas son como uno hubiera querido.
Espero que no me odies.

SOFÍA

A la mañana siguiente, llegó de nuevo la enfermera que había conocido al despertar, junto con un doctor y un policía, quien se quedó en la puerta.

–Señor, buenos días –dijo el doctor–. ¿Cómo se siente hoy?

Como aun le costaba trabajo y dolor hablar, Danny hizo un gesto con su pulgar, para que el doctor supiera que estaba mejor.

–Como sabrá, usted fue traído al hospital por una pareja que lo encontró debajo de un puente, sin embargo desconocemos las razones del accidente, no sabemos si usted se cayó, se tiró, o lo lanzaron; así que el agente de policía que está en la puerta necesita escuchar su declaración, adicionalmente, usted llegó sin documentos de identificación, al parecer los perdió en la caída o se los robaron, así que necesitamos llenar un formulario con sus datos personales y saber a quién debemos llamar; por último necesitamos saber si usted tiene o no, algún seguro de salud.

Danny analizó rápidamente la situación y se dio cuenta que no podía contar que un ser misterioso, que se le había aparecido días antes, y que lo había regresado al pasado, era quien lo había empujado del puente; ni tampoco explicar que había pensado en suicidarse; nada de eso podía decir, pero sabía que una mentira podía llevarlo a mayores problemas, así que, aun con el dolor que le causaba hablar, contestó:

–Doctor, la verdad es que no recuerdo nada, no puedo decirle nada sobre el accidente que usted menciona, ni tampoco sobre como llegué a este hospital.

—Dime entonces tu nombre, tú número de cédula, o donde vives, y a quien quieres que llamemos para que se haga cargo de ti. —Volvió a preguntar el médico.

Danny pensó que si decía su verdadero nombre, no aparecería ningún registro de él en ninguna base de datos, además sería demasiado sospechoso decir que su apellido era igual al de la persona que lo había encontrado y llevado a la Clínica, entonces respondió:

—Doctor, no me acuerdo de nada. Ni siquiera sé cómo me llamo ni dónde vivo.

—Entonces, ¿tampoco sabes si tienes algún seguro médico?

—Si no recuerdo ni mi nombre, ¿usted cree que puedo recordar si tengo seguro médico?

—Tanto la enfermera como el policía, rieron ante la respuesta de Danny, el único que no sonrió fue el médico, quien finalizó diciendo:

—Ese es el peor problema —Luego se dirigió hacia el agente de policía y le pidió que salieran para hablar en privado:

—El paciente parece estar padeciendo amnesia por los golpes que se dio en la caída.

—¿Y será permanente? —Preguntó el policía.

—No lo podremos saber sin que le hagamos algunos análisis, pero sin tener un seguro médico o quien se responsabilice por él, va a complicar las cosas.

—Bueno, entonces por ahora, tomaré sus huellas digitales e intentaré averiguar quién es este sujeto.

—Está bien, pero el problema no es solo que, por ahora, no podremos hacerle todos los exámenes requeridos, sino que habrá que remitirlo a un hospital público, ya que en esta clínica no puede quedarse sin un seguro médico.

–¿Aun en el estado en que se encuentra?

–Pues su recuperación ha sido sorprendentemente rápida, y salvo la amnesia, ninguna herida pone en peligro su vida, así que será cuestión de dos o tres días, que ya se deba trasladar.

–Esperemos a que en ese tiempo ya hayamos averiguado quien es esta persona. –Finalizó diciendo el policía.

Luego de eso, ambos, el policía y el doctor, se alejaron de la habitación. Danny no había podido escuchar la conversación que ellos habían sostenido, sin embargo, intuía lo que habían hablado y su mente se llenó de dudas y nervios pues no sabía que iba a hacer con su vida en ese momento.

"Le pedí a Arial que me devolviera al momento en que nací y efectivamente lo hizo, pero no de la forma en que yo me lo imaginaba y seguramente él lo sabía muy bien, solo quiso hacerme pasar este mal rato por gusto propio. ¿Será que este es mi castigo por intentar suicidarme?" –Pensaba Danny, mientras buscaba en su mente, manera de salirse del lío en que se sentía metido.

Samuel, su padre, había seguido averiguando por la salud del joven que recogió debajo del puente y se había enterado que el reporte actual decía que tenía amnesia y que sería trasladado a un hospital público en los siguientes días.

Samuel y Mariana, quien recién habían decidido comenzar a vivir juntos, sostuvieron una conversación al respecto:

–Mariana, me he quedado pensando en Danny.

–¿Qué piensas?

–Que lleva tres días en una clínica y nadie ha ido a preguntar por él.

–Quizás no quiera llamar a nadie.

–Puede ser, pero lo extraño es que no tiene documentos, y según pregunté en la clínica, la policía no ha podido averiguar nada a través de sus huellas digitales.

–¿Y si es un delincuente, o un fugitivo?

–Es posible, pero no tiene cara de serlo.

–¿Y cómo es la cara de un delincuente?

–No sé, ¡Ha, ha, ha! –ambos rieron–, tienes razón, esa afirmación no es base para asegurar nada, sin embargo algo dentro de mí me dice que debo ayudarle.

–Yo sé que sí, es tu buen corazón, siempre lo has tenido, fue por eso que dejé que me invitaras a un trago el día que nos conocimos.

–Yo pensé que había sido porque te había parecido muy apuesto.

–Si hubiera sido por eso, no te hubiera dejado ni acercar a la mesa.

–¡Ha, ha, ha! –De nuevo, ambos volvieron a reír –

–Sabes qué, volviendo a hablar de aquel muchacho, aunque no lo creas, hay ciertos rasgos en su cara que se asemejan mucho a ti –dijo Mariana.

–¿Dices que yo me parezco a él?

–No, él se parece a ti, tú eres más viejo, o por lo menos eso aparentas.

–¡Ha, ha, ha! Gracias por la aclaración, ahora resultará que es familiar mío.

–¿Será posible?

–No, lo dije en broma, tú sabes que mi familia es muy unida y todos nos conocemos, aunque debo confesarte que a mí también me pareció que tenía algunos rasgos familiares.

Al siguiente día, Samuel decidió regresar a la clínica para averiguar sobre la suerte de Danny.

Antes de entrar a la habitación, se topó con el doctor y le preguntó sobre el estado del paciente, quien respondió:

–Físicamente se encuentra mucho mejor, ya incluso, puede hablar y caminar, las enfermeras me contaron que anoche se paseó por todo el piso ayudado de unas muletas, lo cual pareciera un milagro, ya que hace solo cuatro días llegó con muchos huesos rotos que parecen haber soldado mágicamente. Sin embargo, el golpe en su cabeza fue tan severo que perdió la memoria, aun no puedo decir si es temporal o definitivo, el problema es que necesitamos hacer varios análisis y él no cuenta con ningún seguro de salud, por lo que habrá que trasladarlo a un hospital público y allá se encargarán de él.

Luego de conversar con el doctor, Samuel se dirigió a la habitación de Danny, quien se encontraba despierto, y al verle, mostró de inmediato su cara de felicidad y sorpresa.

–Hola.

—¡Hola! —Respondió Danny alegremente pero en voz baja, pues aún le dolía la mandíbula al hablar. De inmediato se apresuró a sentarse en la cama.

—No es necesario que te incomodes, sé que aun te duelen las heridas.

—No hay problema, ya me siento mejor.

—Voy a ir directo al punto, como al parecer no tienes seguro médico y no encuentran a nadie quien se haga responsable por ti, te van trasladar a un hospital público, allá seguramente te darán de alta tan rápido como puedan hacerlo; así que quiero ayudarte pero primero necesito preguntarte algunas cosas y deberás responderme con la verdad, lo que me digas solo quedará entre tú y yo.

—Entendido, pregunta lo que desees.

—¿Tu nombre si es Danny?

—Sí.

—¿Es cierto que no recuerdas lo que sucedió?

—No, no es cierto, recuerdo todo.

—¿Tienes alguien a quien puedas llamar? Parientes, amigos... ¿Alguien?

—No, no tengo a nadie.

—¿Y Sofía? La de la carta, ¿no es, o era tu pareja?

—Sí, pero está muerta.

—¿La mataste?

—No, ella se suicidó.

—¿Y es por eso que tú también te querías suicidar?

—La respuesta es mucho más complicada que un simple "si"

—Eres delincuente o te está buscando la policía por algún motivo.

–No.
–¿Huyes de alguien?
–No.
–¿Tienes adónde ir?
–No.
–¿Tienes dinero?
–No.
–¿Me has dicho la verdad en todo?
–Sí.
–Te creeré, así que veré que puedo hacer por ti, nos vemos luego, Cuídate.

Ambos se despidieron con un apretón de manos y Samuel comenzó a caminar hacia la puerta, pero antes de salir, Danny, le habló, haciendo un gran esfuerzo, para poder hacerlo en voz alta, y dijo:

–Samuel… no importa si no te vuelvo a ver, no importa si no puedes hacer nada más por mí, ya ha sido suficiente con conocerte en persona y saber que fuiste tú quien me salvó la vida, para estar más que satisfecho y agradecido.

Samuel, tan solo asintió con la cabeza y se marchó.

Danny había querido decirle esa misma frase, llamándolo "Papá", pero sabía que hubiera resultado demasiado extraño.

A la mañana siguiente, el agente de policía fue a entrevistarse con el doctor para hablar sobre el caso del joven sin identidad, una vez reunidos, ambos fueron a la habitación del paciente.

Danny quien se encontraba acostado pero despierto, vio venir a los dos así que decidió hacerse el dormido para evitar tener que contestar más preguntas sobre quien era, una vez en la habitación, el doctor intentó despertarlo pero él siguió fingiendo estar en un sueño profundo.

–Joven... Joven... ¡despierte! –dijo el Doctor, pero Danny seguía fingiendo estar dormido.

–¿Es normal que esté tan profundamente dormido? –Preguntó el policía.

–Es posible, quizás le dieron algún medicamento para dormir, pudo haberlo hecho la enfermera de turno si el paciente se estaba quejando de algún dolor.

–¿Y aún tiene amnesia?

–Sí, al parecer aun no recuerda nada, mañana será trasladado al hospital central, esperemos que allá puedan ayudarlo.

–Yo revisé sus huellas digitales y no aparece en el sistema. ¿Aún no ha venido ningún familiar o conocido, preguntando por él?

–No, hasta ahora nadie.

–Igualmente, nadie ha reportado a un desaparecido que concuerde con su descripción.

–¿Qué hacemos entonces?

–Necesito que me informes quien estará a cargo de él en el otro hospital y si aparece alguna persona que lo conozca, no dejen que se retire sin que se entreviste conmigo.

–¿El joven está detenido?

–Hasta el momento no podemos decir que haya cometido algún crimen, pero este caso es bastante extraño, así que quisiera esclarecerlo.

—Entiendo.

Luego de esa conversación, ambos, médico y policía, salieron de la habitación, Danny había escuchado todo lo que ellos habían dicho, lo cual le preocupó bastante, por lo que decidió que era el momento de partir de aquel lugar. No tenía claro que iba a hacer, ni para donde se dirigiría pero físicamente se sentía mucho mejor, así que esperó a que fuera de noche, justo en la hora en que se terminaba el horario de visitas y había más flujo de personas saliendo de las habitaciones, entonces se vistió con su ropa, la cual había sido guardada en la habitación, y, con el cuidado suficiente para no ser visto por nadie de los que trabajaba en el lugar, salió de la clínica.

Una hora más tarde, la enfermera de turno ingresó a la habitación y la encontró la cama vacía y completamente ordenada así que supuso que al paciente le habían dado de alta en horas más tempranas, mientras fue a corroborarlo y posteriormente a dar por enterado a todos, que faltaba un paciente, Danny ya se encontraba bastante lejos de la Clínica, caminando, con mucho dolor, por las calles de la ciudad.

La ciudad era la misma que lo había visto crecer, pero todo estaba cambiado, o mejor dicho, nada había cambiado, todo era igual a como recordaba había sido cuando él era pequeño. Danny no tenía un centavo en sus bolsillos y el frio de la noche lo llevó a buscar refugio en el oscuro rincón de un parque público.

Aún no había amanecido completamente cuando el frio, el hambre y el dolor que aun sentía por las heridas, le impidieron seguir durmiendo. Comenzó a deambular por la ciudad y la impotencia que sentía de valerse solo era tan grande que sintió vergüenza de sí mismo, así que como único recurso para salir de esa situación solo se le ocurrió volver a la clínica y decir que se había fugado por temor a que lo trasladaran de lugar, y usar su supuesta condición de paciente con amnesia para intentar dar lástima, lo cual le hizo avergonzarse aún más.

En el camino de regreso a la clínica, comenzó a pensar en Sofía y en Arial, a quien invocó varias veces esperando que apareciera. Luego su mente se enfocó en los recuerdos de su niñez y de cómo había sido crecer sin un padre, lo cual le hizo pensar que quizás toda la tragedia que estaba viviendo era un pago insignificante a cambio de haberlo podido conocer en carne propia, y darse cuenta que había sido un buen hombre, capaz de salvarle la vida a un desconocido, aun poniéndose en riesgo él mismo.

Justo cuando estaba entrando al estacionamiento de la clínica, vio que su padre también llegaba, así que decidió abordarlo de inmediato.

–¿Danny? venía a preguntar por ti. Que sorpresa encontrarte acá afuera.

–Escapé –dijo Danny–. La razón por la que lo hice es porque ayer escuché al médico y a un policía hablar sobre mi destino, dijeron que me iban a trasladar a un hospital público y que me iban a dejar interno hasta que apareciera quien se hiciera responsable por mí o recobrara la memoria, en cuyo caso ninguna de las dos opciones será posible que suceda, pues ni he perdido la memoria, ni tengo a nadie que vaya a buscar.

—¿Pero si no has hecho nada malo, por qué razón te ocultas?

—Yo quise suicidarme, y decir eso puede traerme muchas complicaciones, además no tengo documentos que me identifiquen y no encontrarán nada por más que busquen en todos los archivos del país.

—¿Por qué no aparecerá información tuya? ¿Acaso eres un inmigrante ilegal?

—Digamos que no debiera estar acá pero lo estoy contra mi voluntad.

—Si es así, ¿por qué no regresas adónde quieres estar?

—No sé cómo hacerlo.

—¿Necesitas dinero?

—No, eso no solucionaría nada.

—No entiendo.

—Créeme que yo tampoco, pero por ahora, te suplico que me ayudes a alejarme de la clínica, te aseguro que tan pronto como me sea posible, yo seguiré solo mi camino.

Samuel, lo pensó por unos instantes y luego contestó:

—Te llevaré a mi casa, no prometo que te puedas quedar allá, pues será decisión de mi prometida Mariana, y aun si ella acepta, solo podrá ser por unos días, en ese tiempo debes encontrar la forma de solucionar tus problemas.

—Me parece suficiente señor, como dije, yo también quiero resolver mi situación y volver cuanto antes a donde pertenezco.

–Primero que todo, no me llames señor, si acaso soy cuatro o cinco años mayor que tú, llámame Samuel. Segundo, no pretendo inmiscuirme en tu vida privada así que no tienes que contarme nada de tu pasado, solo te pido que no comentes ante Mariana, que te escapaste de la clínica, solo diremos que te dieron de alta prematuramente por no tener seguro con que seguir pagando más tiempo. Tercero, espero que sepas valorar lo que estoy haciendo y no te sobrepases en ningún sentido, ni conmigo, ni con Mariana, si lo haces, seguro que desearás no haberme conocido.

–Samuel, créame que conocerlo es una de las cosas más gratas e inesperadas que me ha sucedido en toda mi vida y nunca haría nada en su contra.

–Hasta ahora te creo –Respondió Samuel, y luego partieron juntos.

Cuando llegaron, Samuel entró primero, dejando a Danny esperando en la puerta, habló con Mariana y ella aceptó dejarlo quedarse, con la condición de que en las noches durmiera con la puerta de la habitación trancada desde afuera, para que él no pudiera salir.

Capítulo 6

Una noche con mis ancestros.

*"Intenta no volverte solo un hombre de dinero,
sino volverte un hombre de valor."*

Albert Einstein
(1879 - 1955)

Pasada una semana, Danny se sentía completamente curado de sus heridas, lo cual sabía que no era algo normal, pero también suponía que todo se asociaba a los poderes de Arial.

Sus padres eran aún muy jóvenes en este presente que estaba viviendo, vivían en un pequeño pero confortable apartamento, ubicado en una buena zona de la ciudad, Mariana tan solo tenía veintiséis años y Samuel treinta, sin embargo parecían vivir muy felices y estar enamorados, lo cual hacía que Danny se sintiera también muy feliz.

Al pasar la semana, Danny se enteró que Mariana y Samuel, estaban programando reunir por primera vez a sus padres, esto le generó una gran emoción ya que era la posibilidad de conocer por primera vez a sus abuelos.

Un pensamiento llegó a la mente de Danny, y era que aunque según contaba su madre, su padre había muerto al poco tiempo de él haber nacido, en ese momento cayó en cuenta que nunca conoció a ningún familiar por parte de su padre, lo cual lo desconcertó mucho.

Los padres de Samuel vivían en la misma ciudad, así que el plan era hacer una parrillada en su casa, para recibir a los padres de Mariana que viajarían desde su ciudad de origen.

Samuel llevó a Danny a la casa de sus padres un día antes de la parrillada, para que lo ayudara a organizar todo para el siguiente día, ellos lo recibieron con gran afecto ya que les causó cierta gracia que él se pareciera tanto a su hijo Samuel. Al finalizar la tarde Danny no solo había contribuido a organizar el evento sino que había sido invitado a la actividad que realizarían.

Al llegar la noche, nadie entendía por qué Danny estaba tan emocionado, entre Mariana y Samuel habían comentado que quizás nunca en su vida había tenido la oportunidad de estar en una actividad similar, pero la verdad es que lo que emocionaba tanto a Danny era que nunca antes había estado en una fiesta con su familia.

Llegada la noche, Danny se sorprendió de la cantidad de invitados que llegaron, no solamente sus abuelos maternos, sino también varias personas amigas de sus padres.

"¿Si mi padre murió siendo yo aún un recién nacido, por qué todas estas personas se alejaron de mi madre?", pensaba Danny en medio de la fiesta.

Danny estaba extasiado de poder estar viviendo ese momento, notó que sus abuelos paternos y maternos se habían compenetrado bastante bien, su abuelo paterno parecía ser exitoso comerciante y el padre de su madre un ser muy estudiado e intelectual, por otra parte, su abuela materna mostraba ser alguien bastante espiritual y su abuela paterna una sicóloga muy controversial.

En medio de la noche, Danny tuvo la oportunidad de encontrarse a solas en la cocina, con el padre de Mariana, su abuelo materno. Para él era algo nunca antes vivido y no sabía siquiera que hablar, pero no quería dejar pasar ese momento para charlar a solas con él ya que por su mente siempre rondaba la idea de que quizás no era mucho el tiempo que iba a durar en ese presente, porque sabía que en cualquier momento volvería Arial y le arruinaría de nuevo su vida.

–Hola señor Antonio –Dijo Danny, sin saber que más decir.

–Hola muchacho, como has pasado la noche.

–Estoy feliz, no recuerdo la última vez que estuve tan contento como hoy.

–Qué bueno que te sientas tan bien esta noche, nosotros igual estamos felices de conocerte.

–Gracias señor.

–¿Sabes que incluso te pareces mucho a mi yerno? Pareciera que fueran hermanos.

–Sí, todos dicen lo mismo, es pura casualidad. –Contestó Danny para cortar el tema, ya que sabía que la verdad nadie la entendería.

—Fue muy noble de su parte dejar que te quedaras en su casa.

—Es cierto y me siento muy agradecido de que lo haya hecho.

—Sí, lo es... ahora que estamos hablando de eso, él nos contó que has tenido ciertos problemas personales y es por eso que no tienes otro lugar adonde ir.

—Mis problemas son bastantes complejos. No obstante creo que ese es un buen resumen para mi situación actual.

—Tú pareces ser un joven inteligente, debes buscar la manera de salir de esos problemas y no dejarte vencer por ellos, pensar y actuar positivamente.

—Eso quisiera, pero la verdad es que he fracasado en todo lo que he intentado hacer, no soy como ustedes.

—¿Y cómo somos nosotros?

—Triunfadores.

—¿Y cómo llegas a esa conclusión, con tan solo unas horas de habernos conocido?

—Bueno, por los temas que hablan, por los empleos que tienen, por lugares que han conocido, por las cosas que han obtenido, por lo felices que se ven...

—¿Y por qué crees que tú no has triunfado en lo que has querido?

—Pienso que es mala suerte. No crecí con las oportunidades necesarias para triunfar, ni el dinero necesario, ni la familia adecuada, ni las amistades debidas...

—¿Puedo darte un consejo?

—Por supuesto, me encantaría.

—No es la suerte lo que te hace fracasar o triunfar, es la forma en que te comportas contigo mismo y con los que te rodean, lo que hace que fracases o triunfes.

—Pero yo me comporto bien conmigo mismo y con los demás.

—No es así —Dijo su abuelo, con una expresión severa pero serena, la cual hizo que Danny se sintiera realmente regañado.

—El primer paso para triunfar es mantener una autoimagen sana, lograr que todo el que te vea, se impacte por tu presencia.

—Pero yo no tengo tanto dinero para comprarme ropa costosa.

—No seas tonto, la imagen no está en vestirse caro sino en vestirse bien, en saber combinar las cosas que usas, en afeitarse, en peinarse, en la postura al caminar, en el tono sereno al hablar, en lo bien que cuides tu cuerpo, con ejercicios y comida sana; a eso me refiero con autoimagen, y tenerla no cuesta dinero sino voluntad para lograrlo.

—Ya voy entendiendo —contestó Danny, con el gesto expresaba el deseo de seguir escuchando consejos, así que su abuelo prosiguió.

—Después de mejorar tu autoimagen, debes pensar en lo social, busca siempre tener excelentes relaciones personales con todos aquellos con quienes la vida te dé la oportunidad de conocer, sin discriminar a nadie, y busca siempre hacer grandes lazos de amistad con aquellas personas que veas buenas y exitosas.

—¿Pero eso no sería discriminar a los que no son exitosos? —Preguntó Danny.

—Aunque siempre será posible aprender algo de todas las personas, por insignificantes que parezcan, si son buenas, te aportarán consejos nobles y positivos, y en cuanto al éxito, es obvio que entre más éxito ha logrado alguien y más cosas haya vivido, más cosas tendrá para enseñarte, adicionalmente está comprobado que la mayoría de los individuos de éxito, cuentan que sus grandes oportunidades las encontraron a través de personas exitosas que conocieron en su vida.

—Entiendo, ¿y cómo conozco a esa gente exitosa?

—El solo hecho de ser alegre, cortés y de buen humor te permitirá ir conociendo cada vez a más personas y entre más gente buena conozcas, más oportunidades estarás abriendo para que aparezcan aquellas que te podrán brindar nuevas oportunidades. Lo importante es que siempre, en toda ocasión, dejes una buena imagen de ti, no importa que tú creas que quienes te rodean en ese momento no aportarán nada en tu vida, ya que nadie puede predecir el futuro.

—¿Entonces basta con ser divertido y verme bien para atraer a las personas?

—¡No! —contestó su abuelo con énfasis, como diciéndole que debía prestar más atención, y prosiguió—: Como te dije, primero debes mejorar tu imagen, luego mejorar tu conducta, o sea, ser más respetuoso, cortés y alegre; pero además de eso debes volverte interesante, esto quiere decir que tengas mucho de qué hablar, y para esto debes estudiar, debes leer mucho, debes ver muchos canales de televisión, no solamente los culturales o solamente de entretenimiento, todos los temas son importantes en una reunión social, no basta si sabes mucho de historia, o de religión, o de política, también debes saber un poco de temas más superficiales, como la moda o el cine; debes saberte uno que otro chiste para poder romper el hielo en una reunión. Todo eso hará que sea agradable entablar una conversación contigo, los que saben mucho de un solo tema y no les gusta sino hablar de eso, suelen tornarse aburridos, y las personas suelen evitar conversar con ellos, ya que saben que no tendrán otro tema de que hablar, y del único del que sí se podría, aquellas personas suelen saber tanto que las conversaciones se tornan usualmente en un monólogo.

–Voy entendiendo todo a la perfección. ¿Qué otras cosas debo hacer?

–Debes tener metas claras y darlas a conocer, que la gente sepa que tienes un camino trazado y sabes para dónde quieres ir, aunque sea difícil lograrlo. No te traces metas poco definidas o alejadas de la realidad, por ejemplo: conseguir dinero, ser famoso o caminar sobre la luna, ya que tu mente no se enfoca en nada cuando piensas en eso; lo que debes pensar es en qué clase de negocio o trabajo te gustaría llegar a ser exitoso y triunfar, así tu mente comenzará a pensar en las cosas que necesitarías para lograrlo y en las personas que necesitarías conocer.

»Pensar en metas tan genéricas como simplemente obtener dinero, harán que las personas caigan en malos negocios, o sean embaucados por personas que les muestran caminos fáciles pero quizás riesgosos para llegar a la meta.

»Por último, debes tener siempre una actitud positiva, si piensas que eres un derrotado o que naciste con mala suerte, solo atraerás cosas malas en tu vida. Tampoco debes ser conformista, de los que siempre dicen frases como: "El que mucho abarca poco aprieta" o "más vale pájaro en mano que cien volando"; este tipo de personas suelen tener algo en común y es que les espanta la idea de fracasar y por eso nunca arriesgan nada, de hecho podría decir que en este grupo están ubicadas la mayoría de las personas.»

–Tampoco puedes ser de aquellos que, por obtener algo que desean son capaces de robar y traicionar, incluso a sus seres más queridos, estás personas suelen terminar solas y olvidadas. La idea es pensar siempre positivamente y tener claro el significado de un triunfador.

–¿Y cuál es el significado? –Preguntó Danny, entre emocionado e intrigado.

–Aquellas personas que luchan por conseguir trabajos que les guste hacer, aquellas que intentan encontrar felicidad en todo lo que hacen, aquellas que no se dejan manipular, que luchan por hacer lo que quieren hacer y estar donde quieren estar, aquellas que tienen propósitos bien definidos, que se preocupan por la felicidad de quienes le rodean, que entienden que la felicidad no la dan solo las cosas materiales, aquellas que no tienen temor a arriesgar un poco para conseguir mucho, que son generosas y que ayudan a los demás, aquellas que cuidan su salud, que se interesan por aprender cosas nuevas, y que evitan al máximo caer en tentaciones de hacer actos indebidos con el fin de acortar el camino para obtener lo que desean; esas son, a grandes rasgos, las personas que suelen triunfar.

–Pero no es fácil, pensé que la respuesta sería una frase más corta –Dijo Danny.

–No, ser un triunfador no es tan sencillo, por eso no todo el mundo triunfa, hay que tener voluntad de cumplir todas esas cosas que te he mencionado.

–Entonces el truco está en tener voluntad, ¿cierto? Lo digo porque lo has repetido ya dos veces.

–Es correcto, casi todo el mundo sabe lo que te he dicho, ese no es el secreto, lo que sucede es que pocos tienen la voluntad para cambiar lo que ellos mismos saben que tienen mal y prefieren ocultar su mediocridad a través de métodos sutiles pero que les ayuda a continuar siendo conformistas sin sentir tanta culpabilidad.

–¿Cómo es eso?

–Por ejemplo, la gente que suele comer mucho, muy en el fondo quisiera ser delgada, pero nunca lo será porque no tiene la voluntad de dejar de comer tanto, entonces se oculta entre amistades que también sean gordos para así no sentirse tan mal y hasta suelen burlarse de la gente delgada, aun cuando en su interior quisieran ellos estar igual.

»Otro ejemplo es la gente perezosa, quienes suelen juntarse con personas que tampoco hacen nada para no sentirse tan mal; o los bebedores, que suelen pensar que sus mejores amigos son aquellos que están en el bar y no los que le aconsejan que deje de beber. En fin, existen muchos ejemplos de personas que no tienen voluntad de cambiar, aun sabiendo que tienen cosas para mejorar, aquellas personas no podrán ser triunfadoras hasta que consigan la voluntad de cambio.»

–Además de "voluntad de cambio", ¿hay alguna otra frase clave?

–Sí, "Toma tus propias decisiones", las personas que eligen, suelen sentirse más libres, pero usualmente las personas no deciden sino que se dejan llevar, aceptando hacer cosas que no quieren, y que en muchas ocasiones son trascendentales y marcarán sus vidas para siempre.

–Señor Antonio, ¿podría darme un ejemplo para entenderlo mejor?

–Por supuesto, imagina aquellas personas que estudian la carrera que complacerá solo a sus padres, o las que se casan por un embarazo no deseado, o aquellas que aceptan un empleo solo porque los demás dicen que es muy bueno, etcétera. Existen personas que han caído a tal punto que no pueden tomar por sí mismas, ni la más mínima decisión; si tienen que vestirse para una fiesta siempre le preguntan a todos que se van a poner ellos o como lucen; si van a preparar una cena, quieren que sea otro el que decida que comer; si quieren ir de paseo, dejan que los demás decidan para adonde ir; en fin, estas personas no han elegido libremente y se han dejado arrastrar por la corriente, por lo cual no podrán ser triunfadoras hasta que comiencen a tomar sus propias decisiones, ya que un verdadero triunfador es quien decide para donde va con su vida.

—Ahora entiendo claramente lo que dijo al comienzo: "es la forma en que te comportas contigo mismo y con los que te rodean, lo que hace que fracases o triunfes"... lo que hace que puedas o no alcanzar la felicidad.

—Ahora sí me has entendido.

En ese momento, el padre de Samuel, el otro abuelo de Danny, entró a la cocina, y al verlos se dirigió al padre de Mariana, diciendo:

—Hola Antonio, me he quedado esperando afuera por más de media hora la bebida que me ibas a llevar, así que decidí venir a buscarte, porque supuse que estarías tomándote todo el licor sin mí.

—Disculpa Manuel, lo que sucede es que me entretuve hablando con Danny, pero ya tengo tu bebida lista, tómala.

—Gracias... ¿y de que hablaban? Alcancé a escuchar la palabra "felicidad" cuando entré a la cocina.

—Le comentaba a Danny que la felicidad se logra mediante el amor a sí mismo y hacia los demás. ¿Qué opinas tú?

—Pienso que estás en lo correcto, por lo menos ese es el punto de partida.

—Manuel, cuéntale a Danny sobre tus éxitos laborales ya que ambos sabemos que te ha ido muy bien en los negocios. —Afirmó Antonio.

—Escucha muchacho, la clave del éxito no es que te digan que eres exitoso, sino que tú verdaderamente lo sientas.

—¿Cómo así? —Preguntó Danny.

—Usualmente la gente solo identifica el éxito a través de la consecución de dinero, o sea que si alguien tiene mucho, lo consideran muy exitoso, pero eso es solo una consecuencia de ser exitoso, no el fin. La clave del éxito es la realización de tus sueños, no la simple consecución de dinero; lo que suele pasar es que la gente exitosa, al cumplir sus sueños, también gana dinero en el camino, aunque no se lo esperaran. ¿Comprendes?

—Más o menos —respondió Danny.

—Mira muchacho, te voy a dar un ejemplo para que lo entiendas mejor: si una persona, desde niño, sueña con ser el mejor pianista del mundo y comienza a trabajar para lograr ese sueño, practicando a diario y con dedicación, e instruyéndose con los mejores maestros de música que consiga, seguramente llegará a ser un gran pianista, eso quiere decir que será exitoso porque cumplió su sueño, y aunque no llegue a ser el mejor de todos, lo más probable es que logre ser muy bueno, por lo que seguramente conseguirá que muchos quieran ir a sus conciertos y pagarán por verlo; entonces, además de ser exitoso, tendrá dinero. ¿Ahora si entiendes?

—Sí, ahora me queda muy claro, si tienes éxito también tendrás dinero, pero si tienes dinero, no necesariamente tendrás éxito.

—¡Correcto! —Respondió su abuelo Manuel.

—Escucha, por muchos años se le ha inculcado a las personas que el dinero es malo, que solo los pobres serán bienaventurados y que solo ellos llegarán al cielo, pero esa quizás ha sido una tergiversación de las enseñanzas que nos dejó Jesús, solamente para mantener al pueblo apaciguado y conformista a través de los siglos, mientras sus gobernantes se hacen ricos.

»Lo que la mayoría no entiende es que toda nuestra forma de vida depende de la riqueza, gracias a ella se obtienen, no solo bienes materiales, sino también bienes espirituales, tales como la seguridad y la confianza en sí mismo.

»Escucha Danny, el dinero no solo da la oportunidad de tener mejor calidad de vida, de alguna manera, si tienes dinero, más gente querrá estar a tu lado.»

–Sí, eso lo sé –contestó Danny–. Todos querrán estar a tu lado para ver si pueden sacarte algo de ese dinero.

–Lo que acabas de decir es cómo piensan los pobres, creen que si consiguen dinero, la gente solo los va a querer por el dinero que tienen. Las personas exitosas saben que no necesariamente es así, ellas saben que quieren estar cerca de ellos, no solo para robarles, sino porque se sienten bien estando junto a ellos, porque los ricos demuestran saber cosas que los otros no, porque confían en ellos, porque piensan que quizás puedan aprender algo de ellos, algo que les haga mejorar su propia vida... y de hecho, en la mayoría de las ocasiones, eso es verdad.

–Danny, un perdedor piensa: si soy rico me seguirán por mi dinero. Pero un triunfador piensa: Me siguen porque soy exitoso.

–¿Y cuál es la diferencia? –Preguntó Danny.

–Que quien piensa que lo siguen por su dinero, no se valora, solo cree que es importante por lo que tiene en los bolsillos, quien sabe que lo siguen por sus éxitos, entiende que aunque no tenga dinero, aun así tendrá seguidores. Danny, la gente se siente atraída por los triunfadores porque de alguna manera, ellos irradian positivismo, felicidad, vitalidad y progreso. Por el contrario, no todos los ricos irradian eso.

—Entiendo todo eso que me dice señor Manuel, ¿entonces el dinero no siempre traerá la felicidad?

—Correcto, quien solo busca tener dinero, sin ningún otro propósito, jamás estará satisfecho y eso lo hará infeliz. Escucha, Confucio, un gran pensador chino que vivió hace más de dos mil quinientos años, dijo: "Algo de dinero evita las preocupaciones; el exceso las atrae", y es que por el afán de conseguir más dinero, muchas personas suelen caer en negocios ilícitos, y aun cuando lo consiguen no logran ser felices, o la felicidad les dura muy poco, y casi siempre terminan mal.

»Existen otras personas que consiguen mucho dinero, aun de maneras lícitas, pero tienen tanto temor a perderlo que nunca lo disfrutan, por lo cual tampoco logran ser completamente felices.

»El dinero es solo un medio para conseguir algunas cosas que pueden traerte felicidad, pero no solo cosas materiales, también ayudar a otros te puede traer grandes satisfacciones. Si no se disfruta y se comparte lo que se tiene, difícilmente se encontrará la felicidad.»

—Yo quisiera tener mucho dinero para poder vivir tranquilo y feliz —Dijo Danny, a lo que su abuelo contestó:

—Danny, ser rico no es fácil, el primer paso es conseguir dinero con qué vivir holgadamente y eso pocos lo logran, pero luego de tenerlo, el dinero suele traer mayores compromisos, mayores ocupaciones, más trabajo y más retos, cada vez más complejos.

Aquella afirmación dejó pensando a Danny por un instante y finalmente dijo: Si yo tuviera mucho dinero no haría nada más en la vida que dedicarme a pasear y a vivir sin hacer nada, no pensaría en meterme más preocupaciones en la cabeza, ¿tiene eso algo de malo?

–Por supuesto que no –Contestó su abuelo–. Sin embargo para una persona con mentalidad de rico, los retos no son algo malo, sino por el contrario, son desafíos que les motivan y le apasionan, les dan una razón para seguir viviendo. Si no fuera así, piensa en todos aquellos cantantes, artistas, deportistas o dueños de empresas, que aun siendo ya millonarios, siguen componiendo, saliendo de gira, actuando, jugando o invirtiendo su dinero en nuevos proyectos.

–Pero, ¿qué tal si por andar queriendo pensar en encarar nuevos proyectos, invierto mal ese dinero y lo pierdo?

–Danny, presta más atención, ya te dije que ese tipo de frases son típicas de los perdedores, a toda hora viven pensando en catástrofes, piensan y piensan, pero nunca actúan porque a todo buen negocio, le encuentran un problema. Todos los caminos tienen riesgos pero alguien con mentalidad de triunfador, confía en sí mismo y en sus decisiones; sabe que nunca podrá controlar todos los hilos pero aun así toma riesgos calculados y esa es la diferencia entre una persona con pensamiento de triunfador y otra que no, aunque ambos tengan dinero.

—Entiendo —dijo Danny—, eso nos lleva al mismo punto del comienzo: Una persona puede tener mucho dinero y aun así puede no ser exitoso.

—¡Correcto! —Dijo su abuelo—. Ya vas comprendiendo, una persona puede ganarse la lotería y si no tiene pensamiento de triunfador, nunca llegará a disfrutar su dinero tanto como una persona de éxito lo haría, ya que a todo momento estaría asustado de perder eso que consiguió y ese temor no lo dejaría ser feliz, por el contrario un triunfador, no solo lo disfrutaría sino que muy seguramente lo incrementaría con las inversiones y negocios que haría, es por eso que todos queremos siempre estar al lado de un triunfador.

—Ahora si me quedó completamente claro —Contestó Danny—. ¿Pero existe alguna fórmula en la que uno pueda simplificar el éxito?

—Su abuelo se quedó pensando por unos instantes y dijo: Que pregunta tan interesante Danny, es muy difícil de responder pero se me ocurre que una corta definición sería: Conocimiento más Voluntad más Discreción igual a Éxito

»Conocimiento no es solo saber hacer bien las cosas, es comprender el mercado, las finanzas que lo rodean, sus competidores, sus clientes, etc. Conocimiento es saber cuándo comprar o cuando vender, cuando actuar o cuando parar, cuando cambiar de hábitos o cuando dar un giro necesario, y voluntad es tener el coraje hacer todo aquello sin dudar.

»Finalmente, discreción es no ir contándoles a todos lo que se sabe, ni tampoco estar demostrando lo que se desconoce. Así mismo, discreción es no hacer escándalo por cada pequeño logro que se consiga, ni tampoco ir llorando ante todos por cada desacierto que se tenga. Discreción es por ejemplo, no presumir con el dinero, aunque se tenga mucho.»

"Qué interesante todo lo que he escuchado esta noche –pensó Danny–, es increíble que en solo unas horas he conocido a mis abuelos y aprendido más de ellos, de lo que la gran mayoría de personas logra conocer y aprender de sus familiares, aunque viva con ellos toda una vida".

En ese instante entró Camila, la abuela paterna de Danny, buscando a su esposo.

Capítulo 7
Arial

"No es necesario que veas la escalera completa, solo da tu primer paso con fe"

Martin Luther King
(1929 -1968)

Señor ayúdame, aún sigo bloqueado, no sé cómo ayudarle a esta joven. Cuando la contemplo, me deleita ver que su pasión por lo que hace es tan cautivante, que podría quedarme días enteros viendo como ensaya, como se esmera por mejorar, a solas, escondida en su mundo, sin que le interese que alguien le alabe su progreso; pero así mismo, igual de fuerte es también su desaliento por la vida; cada día se pierde más su propio abismo, sin que yo sepa cómo ayudarle, por lo menos de la manera en que nos permites hacerlo.

No deseo cuestionarte, pero ¿seré yo el indicado para esta tarea?

He pensado que quizás quieras que aprenda algo de todo esto, pero de ser así aun no entiendo para que pondrías en juego una vida tan valiosa, con el simple objeto de enseñarme algo...

Sé que siempre actúas de maneras misteriosas, sé que debo buscar dentro de mí las respuestas, sé que tú nos acompañas a todo momento, pero en esta ocasión no sé qué hacer.

¿Qué consejo me daría a mí mismo? Piensa Arial... piensa.

Quizás me diría: "No pienses en qué pasaría si no lo logras, lo que más importa no es alcanzar la meta sino el aprendizaje que se obtiene en el intento de lograrlo".

Quiero hacer lo correcto, pero tengo una gran encrucijada en mí interior. ¿Qué será más importante? ¿Cumplir con todas aquellas normas que supuestamente nos has dado, o hacer todo lo posible para llevar a cabo algo que considero tan importante, tan solo valiéndome de lo que entiendo como ético y moral, aunque deba saltarme algunas de aquellas normas? Eso me atormenta, ya que incluso en ocasiones todavía me cuestiono si todas esas normas han sido verdaderamente dadas por ti.

¿Incumplir esos mandatos hará que me transforme en un demonio?

Sé que nos has enviado a ayudarlos, ahora necesito que envíes a alguien para ayudarme a mí.

Capítulo 8

Continuar aprendiendo

*"Vive como si fueras a morir mañana,
aprende como si fueras a vivir siempre"*

Mahatma Gandhi
(1869- 1948)

–Hola Manuel –dijo Camila, saludando a su esposo–, imagino que la conversación con este joven está siendo muy entretenida ya que te has olvidado por completo de mí esta noche, tanto que me ha tocado venir a buscarme un trago por mi propia cuenta, pues a mi esposo se le ha olvidado que yo también estoy presente en la fiesta.

–Perdona mi amor –Respondió Manuel–, ahora mismo te preparo tu bebida, mientras tanto, te dejo junto a Danny, pero por favor no enloquezcas mucho a este pobre muchacho, ya que lo he dejado medio aturdido con todo lo que le hablé sobre el éxito y el fracaso.

Danny se quedó a solas con Camila, su abuela paterna, quien le fijó su mirada de forma intrigante, permaneciendo por unos segundos en silencio. Danny se sentía un poco avergonzado e intimidado, no sabía que decir, así que también permaneció en silencio, hasta que su abuela por fin habló:

–Danny, verdaderamente te pareces mucho a mi hijo Samuel.

Danny se sintió en apuros al escuchar nuevamente dicha afirmación, pues la madre de su padre, obviamente era la persona con más opciones para darse cuenta que entre Samuel y él su parecido no era una simple coincidencia, así que decidió cambiar el tema rápidamente para hacer que ella dejara de pensar en eso y contestó diciendo:

-Sí, eso dicen todos... y cuénteme señora Camila, es usted sicóloga, ¿cierto?

–Sí, y desde hace muchos años trabajo con niños que son abandonados o huérfanos.

–Imagino que son niños con muchos traumas, ¿o no? –preguntó Danny.

–La gran mayoría de nuestros problemas está en nuestras mentes, ya que son debido a cosas que nos atormentan de nuestro pasado o nuestro futuro, pero no son reales, o sea que no están sucediendo en nuestro presente, es eso lo que me gusta explicarle a los niños de aquel lugar.

–No entiendo muy bien lo que dice señora, ¿me lo podría explicar mejor?

–Por supuesto, te lo explicaré con un ejemplo: Estos niños, al llegar al orfanato, suelen traer recuerdos de maltratos por sus padres o de abandono, entonces sienten temor y desconfianza de todos aquellos quienes le rodean, pero no es porque quienes están a su lado en esos momentos les estén generando algún mal, es porque los recuerdos de su pasado, hacen que sientan tener un problema en el presente. ¿Me comprendes Danny?

Danny se dio cuenta que esa verdad aplicaba también para él, ya que había crecido huérfano de Padre y nunca había tenido una relación estrecha con su madre, por lo cual, siempre se sentía solo, pero ahora se daba cuenta que su soledad solo fue en la niñez, ya de adulto conocía la misma cantidad de personas que usualmente conocen los demás, y aun así, curiosamente él siempre se sentía solitario.

–Claro, es muy lógico lo que dices –contestó Danny–. ¿Pero cómo logras que ese temor o sufrimiento, cambie?

–¿Has escuchado alguna vez la frase: La felicidad es un estado mental?

–Sí claro, creo que todos la hemos escuchado, pero, con todo respeto Señora Camila, esa frase me parece demasiado tonta, es casi comparable a lo tonta que es la frase: vive cada día como si fuera el último de tu vida.

–¿Por qué piensas que son tontas esas frases?

–Ambas son frases sin ningún sentido práctico o real, no con solo pensar que quieres ser feliz, vas a lograrlo, más aun si estás lleno de problemas; y si viviéramos la vida como si fuera el último de nuestros días, entonces nadie trabajaría, ni haría nada, y el mundo sería un caos.

–Tienes razón en lo que acabas de decir, pero quiero que ahora pienses en esto: El cerebro es un instrumento, una herramienta, está en nuestras cabezas para ser utilizado por nosotros, es esencial para nuestra supervivencia; recoge, almacena y analiza información, eso es en lo que es bueno, pero no es creativo en absoluto, el cerebro solo da forma a la visión o el impulso creativo, incluso los grandes científicos han dicho que sus mayores logros de creatividad, llegaron en un momento de quietud mental, y lo mismo dicen los grandes artistas, cuando componen canciones, pintan o esculpen.

–¿Perdone si me perdí, pero que tiene que ver el sufrimiento de los niños del orfanato con las frases que estábamos analizando?

–Tiene mucho que ver, te lo voy a explicar: Como te dije, la mente solo analiza información y dicha información son los recuerdos vividos, así pues, si un niño solo tiene malos recuerdos, la mente solo tendrá esa información para tomar decisiones sobre qué hacer en el futuro y es por eso que su estado mental no será de felicidad sino de angustia, de resentimiento y de prevención contra todos quienes le rodean, eso hará que no sea feliz, es por eso que en ocasiones, la infelicidad es un estado mental.

–Para resumir todo esto te diré una frase que nos dejó un gran maestro llamado Siddaharta Gautama, Buda; quien vivió en el siglo V antes de Cristo: "El dolor es inevitable, pero el sufrimiento es opcional".

–Ya voy entendiendo lo que me quiere decir –Respondió Danny–. Pueda ser que algo que nos haya sucedido, nos cause dolor en el momento en que pasó, pero está en nosotros el seguir sufriendo eternamente por aquello que ya está en el pasado.

—Correcto, ahora si estás captando la idea —dijo su abuela, con una sonrisa de satisfacción en su rostro.

—Pero entonces, ¿cómo darse cuenta que uno mismo está siendo infeliz por la información que su cerebro está procesando y no por lo que realmente está pasando?

—El truco es, en cada momento de crisis, en vez de preguntarse, ¿por qué me pasa esto? Mejor preguntarse a sí mismo: ¿Qué pasa dentro de mí en este momento? Esta pregunta te orientará en la dirección correcta. Enfoca la atención en tu interior. Intenta mirar el problema como si fueras un observador externo a ti mismo, y luego de que lo logres, hazte otra pregunta: ¿Este problema si es tan grande como para estar sufriendo tanto?

»Si solo te quedas pensando en los motivos por los que te está pasando el problema, más sufrimiento tendrás, primero porque el pasado ya no lo puedes cambiar y segundo porque cuanto más te esfuerzas por librarte del sufrimiento, mayor será este. El cerebro nunca puede encontrar la solución, ni puede permitirse dejar que la encuentres, porque él mismo es una parte intrínseca del problema.»

—¿Cómo es esto? —Preguntó Danny.

—Imagínate el cerebro como un juez tratando de juzgar un crimen que él mismo cometió, eso hará que, o el juez no pare de recriminarse a sí mismo, o por el contrario, intentará buscar formas para justificar que él no es el culpable, pero en ambos casos, no estará nunca buscando la solución.

»Lo que hay que hacer es mirar el problema desde afuera, bloqueando las emociones del momento, así lograrás encontrar más fácil una solución.

»El dolor que sientes ante un problema es siempre una forma de no aceptación de la mente, es una forma de resistencia y negativa inconsciente. La intensidad del sufrimiento depende del grado de resistencia al momento presente. El cerebro siempre busca negar el mal momento y escapar de él, pero solo tiene información del pasado para hacerlo, entonces comienzas a hacerte cuestionamientos dolorosos como: ¿Y si yo hubiera hecho esto o aquello? ¿Y si yo hubiera dicho esto o aquello?

»En otras palabras, en un momento de crisis, cuanto más identificado estés con tu mente, más sufres. Por el contrario, cuanto más capaz seas de aceptar el "Ahora", más libre estarás del sufrimiento y podrás comenzar a encontrar el paso más adecuado para dar en el presente, dejando atrás el pasado.»

Danny no supo que más preguntar o decir, había quedado mudo, intentaba procesar y entender todo el conjunto de frases escuchadas. Al final solo dijo:

—Señora Camila, de verdad que se nota que usted es sicóloga.

Camila sonrió a ante la respuesta de Danny, y luego continuó diciendo:

—Sé que puede sonar enredado todo lo que dije, y la principal razón es porque le estás diciendo a tu mente que analice una información, en la cual, la solución para entenderla es que ella deje por unos instantes de hacer su trabajo, o sea que deje de pensar. El cerebro es un órgano como el corazón y no puedes hacer que deje de cumplir su función aunque lo pienses; el corazón no deja de latir solo porque pienses en que deje de hacerlo, de igual forma el cerebro no deja de pensar solo porque pienses en no pensar.

—Todo eso me parece muy enredado pero a la vez muy interesante.

—Bueno, ese es el primer paso, que te interese, así cuando tengas un problema vas a recordar que lo que debes hacer es controlar tu mente y no dejar que tome decisiones mientras esté sumergida en la emoción del momento, sino que debes mirarte como si fueras un observador externo al problema.

—Muchas gracias por sus consejos señora Camila, espero que no se me olvide todo esto que me ha explicado.

En ese preciso momento entró a la cocina Amelia, su abuela materna, quien de inmediato preguntó:

—¿Qué es lo que pasa en esta cocina que todo el que entra por un trago, tarda horas en salir?

—Todos nos hemos quedado hablando con el joven Danny —Contestó Camila.

—¿Y de que han estado hablando?

—Hemos hablado de muchas cosas señora Amelia —Contestó Danny—. De las personas triunfadoras, de los temores en la vida, de la felicidad, del dinero...

—Imagino que del dinero te estuvo hablando mi esposo, ese es su tema favorito —Dijo Amelia.

—Si señora, tiene razón, me dijo muchas cosas, como que a las personas se nos ha inculcado que el dinero es malo, solamente para mantener al pueblo apaciguado, mientras los gobernantes se hacen ricos. ¿Qué piensa usted al respecto?

—Danny, todo el que me conoce sabe que siempre he sido una persona muy religiosa, pero igualmente pienso que tener dinero no es malo, para aquellos que siguen pensando que la pobreza es el camino que Dios quiere de nosotros, yo siempre les digo que de la pobreza salen muy pocas cosas buenas, ya que con ella surge la obligación de satisfacer las necesidades básicas a como dé lugar, tales como techo, comida y abrigo, para así poder sobrevivir, y aquello puede inducir incluso a cometer crímenes por desesperación.

»Hay quienes dicen que entre más pobre se vive, más espiritual puede ser tu vida, pero mientras se está en la pobreza, tu mente solo puede estar pensando en sobrevivir ese día y pasar al siguiente; igual si tienes deudas que no puedes pagar, tu mente solo tendrá tiempo para pensar en maneras de salir de ellas; por el contrario si ya tienes resueltas tus necesidades básicas, tu mente podrá comenzar a enfocarse en otras cosas como en la autorrealización personal, emocional y hasta espiritual.

»De hecho, si una persona tiene dinero y buen corazón, puede ser un mejor ser humano para el mundo que si simplemente tiene buen corazón y no tiene dinero, ya que si se ha logrado obtener más de lo que se necesita para vivir holgadamente, surge entonces la oportunidad de ayudar a otros menos afortunados. ¿Comprendes ahora por qué digo que tener dinero no es malo?»

—Comprendo perfectamente señora Amelia —Contestó Danny.

—Lo que Jesús nos manda es que seamos humildes no pobres —Prosiguió diciendo Amelia—, además, que utilicemos bien el dinero conseguido; por ejemplo, nos dejó dicho frases como: "No aprovecharás las riquezas en días de ira, para hacer mal alguien". "Si el que te aborrece tiene hambre, dale de comer y si tuviera sed, dale de beber". "Si haces justicia delante de los hombres para ser visto por ellos, esa será tu recompensa, más cuando des limosna, no sepa tu mano izquierda lo que hace tu derecha, que tu limosna sea un secreto y solo tu padre lo verá y te recompensará".

»En fin, existen muchas frases de la biblia que no hablan mal del dinero sino de la forma en que se debe usar, así entre más dinero, más posibilidad de hacer obras buenas, pero también más posibilidad de hacer obras malas, entonces está en cada uno decidir cuales va a hacer, ¿entiendes eso Danny?»

—Me queda muy claro Señora Amelia, triunfar en los negocios no es malo, pero debemos utilizar ese triunfo en beneficio de todos y no solo para el de nosotros mismos.

—Si Danny, ya vas entendiendo, incluso, si lo piensas bien, es algo que nos han mandado a hacer, para poder vivir en armonía.

—¿Quién nos manda?

—Jesús nos resumió los mandamientos en una frase, "amarás a Dios sobre todas las cosas y a tu prójimo como a ti mismo", eso quiere decir que la forma en cómo te comportas contigo mismo y con tus prójimos es lo más relevante en la vida.

—¿O sea que todo esto del triunfo es también religión?

—Piénsalo como desees, pero lo cierto es que cada ser humano tiene un compromiso de amor propio y de amar a los que le rodean, a la vez, el cumplimiento de este compromiso, la vida nos enseña, que traerá felicidad.

»Jesús nos dijo: "Ama a tus enemigos y bendice a quienes te maldicen, has el bien a los que te aborrecen y por los que te ultrajan y te persiguen, porque amar a los que te aman no tiene ningún esfuerzo y por eso ninguna recompensa". En resumen: Amar, perdonar y ayudar al prójimo.»

—Pero si solo son esas tres palabras, entonces es muy fácil ¿o no? —Preguntó Danny.

—Todo lo contrario, "amar, perdonar y ayudar al prójimo", es lo más difícil que existe; piensa en cuantas veces has maldecido, has odiado, has juzgado o has visto a alguien necesitado y has seguido tu camino, y compara esa cantidad de veces, con las veces que has dicho "te amo", "te perdono", o has ayudado a alguien.

Danny se quedó pensando por unos segundos y se dio cuenta que amar, perdonar y ayudar era tan difícil que aun habiendo compartido tantos días con Sofía antes de morir, solo una vez le había dicho que la amaba y fue cuando Arial lo había devuelto en el pasado, además también se daba cuenta que perdonar era tan difícil que aun ella habiendo fallecido, él seguía sintiendo rencor por haberse enterado que lo había engañado.

—Es cierto señora Amelia, amar, perdonar y ayudar, es muy difícil.

—Lo es, pero debemos esforzarnos en hacerlo, recordar esto a diario, así comenzaremos a ser mejores seres humanos, y eso de alguna manera, nos hará unos triunfadores.

–Totalmente comprendido Señora Amelia.

–Bueno Danny, creo que ya es hora de que salgamos de esta cocina y compartamos con todos los demás.

Danny había pasado más de dos horas hablando con sus abuelos, eso lo hacía sumamente feliz, nunca antes había tenido una conversación tan extensa con algún familiar, ya que el único ser cercano que conocía, era a su madre, y nunca tuvo con ella una conversación de este tipo.

Por un momento sintió envidia de todas aquellas personas que crecen rodeado de familiares, imaginó todas esas conversaciones que ellos podrían tener con sus seres queridos, sin embargo también sintió felicidad de haberlo podido hacer, al menos por una ocasión.

"Qué sabios son mis abuelos, todos tan diferentes entre sí y a la vez tan llenos de conocimiento, que envidia por aquellos que pueden tenerlos a su lado cada día y aprender de sus experiencias" –pensó Danny, mientras salía de la cocina con su abuela Amelia.

Capítulo 9

La historia de mis padres.

"Un buen padre vale por cien maestros"
Jean-Jacques Rousseau
(1712-1778)

Al salir de la cocina, Danny se topó con sus padres, quienes lo estaban buscando y traían consigo una foto de Samuel, su Padre, cuando él tenía cinco años menos.

–Mira Danny –Dijo Mariana, su madre–, en esta foto Samuel tenía la misma edad tuya, revisa lo parecido que ustedes son.

Danny quiso desviar de nuevo la atención para no volver a entrar en esa conversación tan compleja de explicar, así que dijo:

–La verdad es que a mí no me parece que haya tanto parecido, yo creo que todos ustedes han estado exagerando para hacerme sentir más a gusto en esta casa. De hecho, quiero aprovechar este momento para agradecerles todo lo que han hecho por mí y no sólo porque me salvaran la vida. Me han cuidado y alimentado; me han vestido y confortado y hasta me han presentado a sus padres. De verdad les digo que los quiero con todo mi corazón.

Danny terminó su discurso soltando unas lágrimas y abrazando a sus padres, Samuel y Mariana se miraban uno al otro, algo extrañados por la reacción de Danny, pero contentos de sentir que estaban ayudando a un joven que, al parecer, mucho lo necesitaba.

Luego de un par de tragos en grupo, Danny y su padre, quedaron un poco retirados de sus abuelos, conversando a solas:

–Hace un rato estuve hablando con tus padres, y en solo dos horas he aprendido más de ellos que de mucha gente que me ha rodeado toda la vida, debe ser un privilegio para ti haber crecido a su lado y nutrirte de tanto conocimiento que ellos tienen.

–Sí, me di cuenta que ustedes estaban hablando hace un rato, y es curioso, porque la verdad pocas veces recuerdo haber tenido alguna conversación tan profunda con ellos, es increíble como los padres pueden a veces, abrirse más fácilmente a una persona que acaban de conocer, que a sus propios hijos.

–No entiendo, ¿te llevas mal con tus padres?

–No, todo lo contrario, creo que nos llevamos muy bien, pero conozco poco de ellos; o sea, yo sé que mi Padre es muy culto e inteligente, sabe mucho de finanzas y le ha ido muy bien en sus negocios; y de mi Madre, sé que es una gran sicóloga y que trabaja en una fundación de niños huérfanos, lo cual le apasiona bastante y a mí me parece muy noble, pero eso lo sabe todo el que los conozca socialmente, yo desconozco mucho de su juventud y de las experiencias que han vivido. Un hijo, creo que debiera saber mucho más de sus padres, pero resulta que ellos suelen no contarles esas cosas a sus hijos, las únicas conversaciones que suele tener un padre o una madre con su hijo, es para preguntarle si le fue bien o mal en los estudios, para regañarlo, o para saber si le hace falta algo. En la niñez, casi todos los padres y las madres, son los ídolos y héroes de sus hijos, pero al pasar los años, eso se va perdiendo. ¿Y sabes por qué sucede eso, Danny?

–Bueno, imagino que es debido a que, a medida que vas creciendo, vas conociendo más gente y aprendes más de ellos que de tus padres, y a la vez te vas dando cuenta que ellos no son tan perfectos como creías de niño.

–Es correcto, nuestros padres, al igual que todos los seres humanos tienen defectos, pero también los tienen todos aquellos que admiramos más que ellos, pero sucede que los empezamos a admirar es por lo que aprendemos de ellos, no por sus defectos. Existe un momento en que dejamos de aprender cosas de nuestros padres, pero no es porque los hijos dejen de prestarles atención, es porque los padres dejan de enseñarles, se dedican a alimentarlos, pagar sus estudios, comprarles lo que necesitan y regañarlos si hacen algo malo, pero dejan de enseñarles cosas, raras veces se sientan con sus hijos a contarles sus experiencias, su errores y sus aciertos en la vida, para que ellos se nutran de esa información y sean mejores en el futuro.

»Pocas personas le cuentan a sus hijos, cuántos amores tuvieron, cuántos perdieron, cuántos fracasos económicos tuvieron que enfrentar, cuáles problemas en el trabajo tuvieron que pasar, cuántos sueños no pudieron hacer realidad, cuántas malas decisiones tomaron y qué implicaciones tuvieron en sus vidas.

»No solo los padres cometen ese error, también los abuelos, en la mayoría de las ocasiones, se dedican simplemente a darle regalos a sus nietos y a consentirlos, con el pretexto de que la educación de ellos es responsabilidad de sus padres, entonces se dedican a disfrutar de su crecimiento, pero tampoco le ofrecen la información que han adquirido en tantos años de vida. Todos esperan que la vida te vaya enseñando todo eso, o que lo aprendas en la calle, pero, ¿te imaginas si todos los hijos conocieran los errores que tuvieron sus padres e incluso sus abuelos, y hasta sus bisabuelos? ¿Si en cada generación pasáramos toda la información verdaderamente valiosa a la generación siguiente? Seguramente hubiéramos llegado mil años antes a la luna, ya hubiéramos resuelto el hambre del mundo y hubiéramos evitado cientos de guerras innecesarias, porque lo malo de no aprender de los errores del pasado, es que alguien los vuelve a repetir en el futuro.»

–Tienes toda la razón Samuel –contestó Danny–. Pero ¿por qué piensas que pasa esto?

–Creo que es porque los padres sienten el temor de que, si le cuentan sus errores a los hijos, perderán el respeto ante ellos o la autoridad para regañarlos. Por ejemplo, una madre puede pensar: ¿cómo podré regañar yo a mi hija porque llegue tarde o tenga relaciones sexuales, si le cuento que yo hice lo mismo? O un padre puede pensar: ¿cómo podré regañar yo a mi hijo porque descuide sus estudios o beba más de la cuenta, si él sabe que yo alguna vez hice lo mismo?

—¿Y entonces como se podría solucionar eso? —Preguntó Danny.

—No lo sé, yo aún ni siquiera soy padre, así que no tengo la respuesta, pero pienso que quizás la mejor forma es contarle a los hijos las consecuencias que se han tenido por los errores cometidos, sin profundizar mucho en el error como tal, sino las causas que te llevaron a cometerlo y las consecuencias sufridas. Cada generación conoce los problemas que se vivieron en las generaciones pasadas; todos saben que Babilonia cayó, que Roma cayó, que los Persas cayeron, que Napoleón cayó, que hemos vivido dos guerras mundiales, que han habido muchas depresiones económicas, que el petróleo tiene al mundo en crisis o que existen muchos conflictos religiosos, pero pocos saben por qué ha pasado cada una de estas cosas; puedes hacer una encuesta a todos tus conocidos y te darás cuenta que, aunque todos saben sobre la ocurrencia de esos sucesos, casi nadie conoce los motivos por los que iniciaron, y es por eso que la humanidad, cada cien años vuelve a cometer los mismos errores del pasado, porque la historia no es bien enseñada, en los colegios y universidades, fuerzan a un joven a aprenderse miles de fechas y nombres históricos, que de igual manera se olvidarán días después luego del examen, pero no le enseñan lo que verdaderamente importa, o sea las causas y consecuencias de esos acontecimientos.

»Asimismo, en la familia, todos los hijos, saben si alguno de sus padres pierde su trabajo o consigue uno nuevo, pero es poco común que sepan los motivos que han llevado a eso, de igual forma saben si sus padres pelean o se divorcian, pero poco saben de cómo se llevaban ellos antes del matrimonio o como tomaron la decisión de casarse.

»Los padres hablan muy poco con sus hijos y es por eso que muchos de ellos no le cuentan sus problemas a los padres, sienten que solo los regañarán y los cuestionarán, además, sienten que nunca los entenderán porque ellos no han vivido por lo que ellos están pasando, pero la realidad es que, en la mayoría de los casos, los padres también pasaron por los mismos problemas y pudieran ser sus mejores consejeros.

»Aunque hasta ahora solo he hablado de los errores, cuando hablo de la comunicación de los padres a los hijos, también hablo de los aciertos. En una familia adinerada, pocos hijos saben por qué le ha ido bien a sus padres en los negocios, o cuántas conquistas tuvieron en su juventud y cómo las consiguieron, cuáles fueron las palabras que dijeron, las acciones que acompañaron esas palabras, los pasos para conseguir todo aquello tan bueno que han logrado.»

Después de esa última afirmación, hubo un silencio entre ambos, entonces Samuel destapó otras dos cervezas, y al hacerlo continuó diciendo:

—Danny, Yo espero ser un padre diferente, si tengo un hijo quiero transmitirle todo mi conocimiento, lo poco o mucho que aprenda en este mundo, lo malo y lo bueno que haya vivido, para ayudarle a que cometa menos errores y tenga más aciertos.

Danny se quedó callado pues sabía que eso no iba a suceder, su hijo iba a crecer sin un padre. Pensó en alertarle sobre esta situación pero prefirió callar pues sabía que sería incomprendido.

Ese pensamiento entristeció a Danny, quien procurando dejar a un lado esa conversación, prefirió preguntar otra de las inquietudes que siempre había tenido sobre sus padres:

—Samuel, hablando de otro tema, ¿cómo se conocieron y se enamoraron Mariana y tú?

—Nos conocimos hace poco, solo dos años atrás, ha sido una relación muy complicada ya que cuando la conocí, ella salía con otra persona y por mucho tiempo me tocó lidiar con eso, pero para mí fue amor a primera vista.

—¿Y para ella también?

—No, para ella no fue fácil terminar la relación pasada, ella quería mucho a esa persona, e incluso, a veces pienso que aún lo extraña un poco. Yo no le pregunto mucho del tema pero creo que si está conmigo es porque me prefirió a mí.

Al finalizar la velada, una noticia sorprendió y alegró a todos los invitados, Samuel y Mariana anunciaron que estaban comprometidos. Danny terminó extasiado, pues nunca había imaginado que le iba a tocar presenciar ese momento de la vida de sus padres.

Capítulo 10

Vuelven los problemas

*"Enfrenta la realidad tal como es,
no como era o como deseas que fuera"*
Jack Welch
(1935)

La noche terminó y todos quedaron muy felices, los padres de Mariana fueron invitados a dormir en la casa de los padres de Samuel, y al siguiente día retornaron a su ciudad.

En la tarde, Samuel y Danny volvieron a la casa de sus abuelos para limpiarla y ordenarla. De regreso al apartamento, decidieron ir a un supermercado a fin de realizar las compras de la semana y para hacer más rápido, se dividieron la tarea de buscar las cosas que comprarían.

Mientras Danny caminaba solo, por uno de los corredores del supermercado, escuchó una voz atrás de él que le dijo: "Tu tiempo ha terminado". Al voltear, vio que Arial estaba a solo dos pasos de distancia, como siempre había aparecido, vestido todo de negro.

De nuevo Danny, intentó disimular el temor que sentía cada que él se le aparecía, y contestó de la manera más serena que pudo:

−¿Cómo que mi tiempo ha terminado?

−Sí, tu tiempo en acá ha terminado, no me fuerces a llevarte de malas maneras,... te aseguro que lo lamentarías.

Danny sintió de inmediato un gran temor por su familia, por lo cual aceptó diciendo:

−Está bien, no hay por qué ponernos a discutir, vámonos para donde tú quieras y cuando quieras, sin embargo quisiera poder despedirme de mis padres y agradecerles toda la ayuda que me han dado.

Arial se quedó pensando por unos segundos, y mirándole fijamente a los ojos le dijo:

−Está bien Danny, voy dejar que te despidas de tus padres por última vez, te espero en una hora, en el mismo puente de siempre.

En ese momento Arial desapareció y Danny comprendió que debía apresurarse.

De regreso a casa, Danny casi ni cruzó palabra con su padre, solamente lo miraba sabiendo que quizás era la última vez que lo iba a poder ver. No sabía qué les iba a decir para despedirse, así que eso también le preocupaba.

Justo antes de llegar, ambos vieron salir un hombre del edificio, desconocido para Danny, pero al parecer no para Samuel, quien apenas lo vio, dijo: "Lo sabía".

−¿Quién es él? −preguntó Danny

Samuel no contestó sino que se bajó del auto tan rápido como pudo, pero aquel hombre ya se había montado en el auto en que había llegado y había partido, no sin antes voltearse a mirar a Samuel y sonreírle de manera burlona.

Apenas lo vio partir, de inmediato Samuel subió al apartamento, reflejando mucha ira en su rostro. Danny lo seguía sin comprender lo que sucedía.

—¿Qué hacía él en mi casa? —Gritó Samuel, al entrar.

—¿Quién? —respondió Mariana—. Lo que enfureció más a Samuel.

Quien había salido de la casa era el antiguo novio de Mariana, la persona de quien Samuel siempre había desconfiado ya que pensaba que ella nunca había perdido el contacto con él, lo que para su entendimiento, las sospechas acababan de ser comprobadas.

Entre Mariana y Samuel comenzó una acalorada discusión, en la que hubo gritos y reclamos de ambas partes. La pelea concluyó cuando Samuel dijo:

—Te dejo para que empaques tus cosas, no quiero encontrarte en mi casa para cuando regrese.

Samuel salió de la casa sumamente enojado y alejándose en su vehículo, tan rápido y descontrolado que casi choca; Mariana tardó solo unos minutos empacar algunas cosas y llamar un taxi. Antes de irse se dirigió a Danny, y con bastante pena le dijo:

—Lamento que hayas tenido que presenciar esta discusión —luego de eso le dio un abrazo y se marchó.

Danny se quedó solo en el apartamento sin saber qué hacer y confundido por todo lo que había visto, pero como sabía que debía encontrarse con Arial, no tuvo más opción que irse sin poder despedirse.

Cuando llegó al puente, advirtió que Arial ya lo estaba esperando.

–Sé que me diste tiempo para despedirme de mis Padres pero surgió algo imprevisto y no pude decirles nada –dijo Danny.

–Lo sé, pero eso ya no es asunto tuyo –Contestó Arial.

–Pero, ¿qué pasará con ellos?

–Te lo diré, tu madre volverá en la noche y se dará cuenta que tu padre no ha regresado, entonces recogerá el resto de sus pertenencias y se marchará a la ciudad de tus abuelos. Cuando tu padre regrese verá que tu madre se ha ido con todas sus cosas y pensará que es cierto todo lo que ha sospechado, así que no la intentará buscar.

»Dado que tu madre tampoco buscará a tu padre, a las pocas semanas, por medio de un amigo, él encontrará trabajo en otra ciudad, así que entregará el apartamento y se irá para intentar olvidarse de ella; por lo cual, tú presenciaste el último día que ellos se vieron.»

–¿Nunca más volvieron a hablar?

–Nunca más. Pasados tres años, tu padre volvió a comprometerse y finalmente se casó, aunque su matrimonio duró tan solo un par de años, eso bastó para dejar atrás el pasado con Mariana. Tu madre, por el contrario, sí intentó saber de la vida de Samuel pero cuando se enteró se había casado, nunca más quiso volver a saber de nada de su vida.

–¿Y por qué se divorció mi padre?

–Porque nunca olvidó a tu madre.

–¿Y por qué mi madre nunca se casó?

—Porque nunca olvidó a tu padre.

—Pero, ¿si nunca se olvidaron, por qué no se volvieron a buscar?

—Porque así actúan los seres humanos, siempre les gana su ego y nunca quieren mostrar debilidad ni humildad, nunca quieren perdonar ni pedir perdón, incluso aunque todo esto les cueste la felicidad.

—Arial, déjame hablar con ellos por última vez, quizás pueda solucionarlo todo.

—Muy tarde, ya es hora de tu gran viaje.

—¿Cuál viaje?

—El viaje en caída libre que tienes que volver a pasar.

Dicho esto, Arial empujó a Danny con gran fuerza, quien volvió a caer del puente sin esperarlo, sufriendo la misma agonía y desesperación que la primera vez; y de nuevo, la caída era tan larga que tuvo tiempo suficiente para pensar, ahora en la maravillosa noche en que había conocido a sus abuelos y en la triste mañana en que había visto separarse a sus padres, pero justo antes de caer una pregunta se le vino a la mente: "¿Si esa fue la última vez que mis padres se vieron, como es que nací yo?"

Finalmente, Danny volvió a sentir el golpe seco de su cuerpo contra el suelo y fue eso lo último que sintió.

Capítulo 11

De regreso al presente

*"Inteligencia es la habilidad de adaptarse a los cambios
y no quedarse mentalmente en el pasado."*

Stephen Hawking
(1942)

Nuevamente, Danny no supo cuánto tiempo pasó entre el momento en que cayó del puente y despertó, al abrir los ojos supo que estaba en la misma habitación del hospital en la que había despertado la vez anterior, solo que ahora tenía equipos más tecnológicos. Al igual que la primera vez, despertó sintiendo que todo el cuerpo le dolía, y con la vista aun borrosa, pues le era difícil abrir los párpados, logró ver que había alguien más en la habitación, así que intentó hablar pero de su garganta solo salieron gemidos, sin embargo, de nuevo eso bastó para que la persona que le acompañaba se le acercara.

–¿Puedes escucharme? –Preguntó quién le acompañaba, pero a Danny le costaba tanto hablar que solo pudo asentir con la cabeza, aunque supo que esa vos era familiar.

–Hola cariño –Dijo su madre–. Gracias a Dios que despertaste, no te esfuerces en hablar, te fisuraste el cráneo y te rompiste varias costillas, por eso tus pulmones están resentidos y te cuesta trabajo respirar.

»¡Ah!, Tampoco te esfuerces por pararte, si necesitas ir al baño yo puedo ayudarte o solo toca este botón y alguna enfermera vendrá para auxiliarte, tienes la pierna y brazo izquierdo fracturados, pero aun así es un milagro que estés vivo y no hayas muerto al caer desde tan alto, debes darle muchas gracias a Dios y también a la persona que te rescató, pues aunque misteriosamente aguantaste el golpe de semejante caída, de pasar más tiempo el río que te habría arrastrado y te hubieras ahogado.»

Aunque su madre no lo entendió, Danny sonrió al escuchar todo esto, dado que eran casi las mismas palabras que una enfermera le había dicho semanas antes, cuando cayó por primera vez del puente.

A los tres días de estar hospitalizado, Danny pudo comenzar a hablar y de inmediato quiso saber quién era la persona que en esta ocasión lo había rescatado, pero nadie lo sabía, una enfermera le contó que un desconocido apareció con él en brazos, al frente de la entrada de emergencias, y que luego de dar la declaración de donde lo había encontrado, desapareció sin que nadie se diera cuenta, pero a dar la descripción que le dieron de la persona, Danny supo que había sido el mismo Arial quien, después de lanzarlo del puente, le había salvado la vida.

Por la fecha que era, Danny también entendió que había regresado al presente, justo al mismo día en que por primera vez había conocido a Arial y justo el día que él se quería lanzar del puente.

Pasado un mes de estar en el hospital, Danny se sentía aún muy mal por sus heridas, contrario a la primera vez, que su recuperación había sido milagrosamente rápida, sin embargo le alegraba enormemente estar vivo y poder tener tanto contacto con su madre, ya que ella lo visitaba a diario, y en cada visita, la conversación entre ambos se extendía por horas.

En esos días, Danny presionó a su madre para que le hablara de su padre, haciéndole saber de ante mano, que ya sabía que no había muerto cuando él era niño. Su madre entonces le contó de la pelea que habían tenido por la visita inesperada de su ex novio, de la discusión que habían tenido, y de cómo luego se habían alejado y nunca más habían vuelto a hablar.

Danny ya sabía todo eso, pues Arial se lo había contado, lo que no sabía era que ella no había engañado a su padre, lo que Samuel había presenciado había sido una simple visita de su ex novio, para recoger un obsequio que ella le quería devolver, ya que sabía que era de gran valor sentimental para él; tampoco sabía que su madre se enteró que estaba embarazada tan solo unas semanas después de la pelea, pero dudó en contarle pues suponía que él pensaría que era otro engaño o que el padre era otra persona. Finalmente, cuando se decidió buscarlo ya le fue imposible localizarlo, pues se había ido de la ciudad y sus padres nunca quisieron darle a conocer su paradero, ya que, por todos los acontecimientos sucedidos, también ellos pensaron que su nuera había engañado a su hijo; y por último su madre le contó que logró localizar a Samuel tres años después, pero al enterarse de que ya se había casado con otra persona, nunca más quiso volver a buscarlo, decidiendo que lo mejor era criar a su hijo sola.

Mariana también le contó la historia de cómo había escogido su nombre al nacer, al comienzo pensó en ponerle Samuel como su padre, pero después pensó que sería una mala idea puesto que tendría que nombrarlo a diario por el resto de la vida, aun sabiendo que ya no estaban juntos, entonces decidió ponerle mismo el nombre de un joven que, estando de novios, habían salvado luego de verle caer desde un puente, y quien vivió con ellos por un par de semanas, pues además de recordar ese episodio como una linda experiencia, también recordaba que curiosamente él tenía un gran parecido a Samuel, y finalmente porque según las cuentas que ella había hecho, era muy posible que ese misma noche en que conocieron a este joven, había sido el momento en que lo habían concebido.

Ahora Danny tenía mucho más conocimiento de los acontecimientos que llevaron a la separación de sus padres que ellos mismos. Por un lado sabía que su madre no había engañado a su padre, también sabía que su padre nunca supo de su nacimiento y por último sabía además que su padre se había separado pocos años después de casarse y que ambos nunca habían sido felices desde que se separaron.

Danny entonces se fijó como meta que, una vez se recuperara, iba a localizar a su padre para internar juntarlos de nuevo.

Tuvieron que pasar seis meses para que Danny se sintiera completamente curado de las heridas sufridas por la caída del puente, mucho tiempo más que la primera vez, en donde solo en tres semanas ya se había aliviado plenamente de todo dolor, pero entendía que en la primera ocasión, la rápida curación había sido por los trucos de Arial, por lo cual se sentía feliz de no haberse curado rápidamente esta vez, porque eso significaba que Arial ya no estaba cerca, así que podría tomar las decisiones de su vida sin su intervención.

Una vez recuperado, Danny comenzó a buscar a su padre a través de todos los medios que tenía, pero al poco tiempo entendió que sin dinero no lo lograría así que consiguió un empleo de ayudante en una librería.

Antes de eso, los libros habían sido ajenos a su vida, sin embargo, una vez allí, comenzó a interesarse por la lectura, y en poco tiempo leyó muchos de los que en aquella librería ofrecían. Se interesó en primera instancia por aquellos que hablaban del suicidio, enterándose que la idea de hacerlo era algo que pasaba, al menos una vez en la vida, por la mente de casi todos, y que eran tan común, que cada tres minutos se suicidaban al menos dos personas en el mundo, lo que convertía al suicidio en una de las cinco principales causas de muerte a nivel mundial. También pudo leer que casi todos aquellos que intentan suicidarse pero logran sobrevivir, terminan analizando que su acto ha sido demasiado tonto y comienzan a valorar mucho más la vida.

Danny también se interesó por la lectura de todos aquellos temas de los que sus abuelos le habían hablado, como la actitud ante el éxito y la felicidad, lo cual le alentó a proponerse hacer un cambio radical de sí mismo con el fin de dejar atrás toda su mala actitud ante la vida y ante las personas que lo rodeaban, así que tomó todos los consejos que logró recordar de sus abuelos y ponerlos en práctica.

Pasados tres meses de estar trabajando en la librería, Danny logró localizar por internet la dirección de una persona que podría ser su padre, no quiso decirle nada a su madre hasta tanto no estar seguro, entonces decidió que iría a conocerlo; el inconveniente era que dicha dirección quedaba en otra ciudad, así que tuvo que ahorrar por tres meses más para poder comprar el pasaje.

Aquellos tres meses pasaron como si fuera una eternidad para Danny, dado que muchos interrogantes pasaban por su cabeza: si verdaderamente encontraría a su padre, si aún se parecerían físicamente, si él lo reconocería, si estaba solo o ya tenía una familia, y si iba o no querer encontrarse con su madre.

Danny entendía que el haberse intentado quitar la vida había sido una total estupidez, puesto que el motivo no lo valía, tanto así que lo vivido con Arial y con su familia, sumado al deseo de encontrar a su padre, habían logrado que él ya ni siquiera pensara en Sofía.

"Es increíble que hace solo un año sentía que no podría superar la pérdida de Sofía y ahora es tan solo simple recuerdo que rara vez pasa por mi mente. Que tonto fue el haber querido desperdiciar mi vida por algo tan pasajero, espero que mi misión de juntar a mis padres y hacer que vivan felices lo que les resta de vida, sirva como recompensa por haber querido desperdiciar un regalo tan grande", pensaba Danny, el día que partía rumbo a buscar a su padre.

Al fin llegó Danny a aquella ciudad, rentó un vehículo y se dispuso encontrar la dirección que tenía, con la esperanza de que en ese lugar encontraría a su padre, así que mientras conducía, pensaba en que palabras le diría cuando lo tuviera al frente, finalmente decidió que lo mejor era ser lo más directo posible, así que concluyó que al verlo le diría: "Hola Samuel, mi nombre es Danny, soy hijo de Mariana y aunque sé que no lo sabe, usted es mi Padre".

Sabía que esa frase podría traer muchas reacciones diferentes por parte de su padre, unas buenas y otras de rechazo, pero se llenó de valor para afrontar cualquier respuesta, sabiendo que tenía un as bajo su manga y era el saber que él nunca había podido ser feliz lejos de su madre.

El día estaba soleado y aquella ciudad era hermosa; al ser domingo, pocos autos transitaban las calles, lo que hacía que se pudiera disfrutar mejor el recorrido. Danny bajó las ventanas del coche para dejar que la brisa entrara, y aquello le trajo una sensación de total libertad y tranquilidad.

"Creo que todo va a salir bien al final de todo", pensó Danny, mientras disfrutaba del viento que entraba por la ventana, pero en ese momento una voz le habló, proveniente del asiento trasero del vehículo:

–¿Quién te dijo que el precio a pagarme era reconciliar a tus padres? Tu misión es una muy diferente.

Danny frenó de golpe el coche y volteó su rostro de inmediato, pero no había nadie en el asiento de atrás. Sabía sin embargo que la voz había sido la de Arial, y que su pregunta se debía al hecho de que le había vendido su alma a cambio del trato que habían hecho aquella noche en el puente donde pretendió suicidarse, incluso recordó la fecha y se dio cuenta de que había pasado exactamente un año desde aquel pacto en el puente y curiosamente había detenido su vehículo sobre un puente de aquella ciudad.

¿Por qué Arial apareció de nuevo? ¿A cuál misión se estaría refiriendo? –Se preguntaba Danny, mientras miraba a su alrededor... y al observar hacía el borde del puente, lo entendió.

Capítulo 12

Saltando del puente

"Controla tu destino o alguien más lo controlará por ti."
Jack Welch
(1935)

Al observar hacia el borde del puente, Danny vio a una mujer parada sobre la baranda, mirando hacia abajo, con la evidente disposición de querer lanzarse. De inmediato lo comprendió, ese viaje no tenía nada que ver con encontrar a su padre, su misión era salvar la vida de aquella persona, que tal como él mismo hace un año, quería saltar de un puente.

Danny se acercó sigilosamente hacia aquella mujer, quien por estar de espaldas y mirando hacia el abismo, no se percató de su presencia hasta el momento que él habló.

–Hola –Dijo Danny.

La joven mujer se volteó un poco asustada, pues no sabía que alguien estaba detrás.

–Hola –volvió a decir Danny

–No hubo respuesta por parte de la joven, quien solo lo miraba, por lo que él siguió hablando.

–¿Sabías que aunque hay gente piensa que el suicidio es un acto de cobardía, muchos sicólogos han concluido que la mayoría de las personas que se suicidan tienen más carácter que el promedio de los seres humanos? –La joven frunció el ceño a manera de intriga, así que Danny continuó hablando–: Y es debido a que casi la totalidad de las personas, al menos una vez en la vida, han pensado en quitarse la vida, pero solo unas pocas tienen el coraje de hacerlo, venciendo todos los miedos y tabúes que giran en torno al tema, mientras la gran mayoría ni siquiera lo intenta por temor.

Danny tomó un respiro y luego continuó

–No digo con eso que el suicidio sea algo bueno, de hecho los expertos en el tema dicen que si esas personas usaran ese coraje, no para quitarse la vida, sino para vencer sus problemas, de seguro lo lograrían más rápido que los demás.

Danny esperó unos segundos a que asimilara la frase que le acababa de decir, y entonces ella por fin habló:

–A veces el destino nos da unas cartas tan difíciles de jugar, que es imposible encontrar otra salida diferente a retirarse del juego. –Contestó la Joven.

Danny sabía que el hacerla hablar era un gran avance y que debía decirle frases muy contundentes con el fin de que cambiara de parecer, ahora entendía que su verdadera misión era salvar esa vida a como diera lugar, pues era el precio por haber querido desperdiciar la suya, así que quería lograrlo a como diera lugar.

—Es cierto —respondió Danny—, puede ser que el destino baraje y reparta las cartas que nos tocan, pero somos cada uno de nosotros, lo que decidimos como jugarlas. No le puedes echar todas las culpas de tus problemas al destino; perdona que te lo diga, pero muchas personas culpan al destino por sus fracasos para poder justificar su falta de iniciativa o coraje para alcanzar lo que desean. Si ya todo nuestro destino estuviera escrito, ¿entonces para que miramos a cada lado, antes de cruzar una calle? Hacerlo y seguir pensando que todo tu destino ya está predicho, sería muy estúpido, ¿no crees?

—Por un momento me pareciste una agradable persona, pero al insultarme sin tan siquiera conocerme, demuestras que eres todo un idiota.

—No te enojes conmigo, si lo analizas, no soy yo quien está queriendo hacerte daño, sino tú misma. Yo estoy aquí porque quiero evitar que lo hagas, pero no lo intentaré diciéndote mentiras, sino intentándote convencer de que sería mucho mejor para ti misma no hacerlo.

—¿Y por qué piensas que sería mejor para mí no quitarme la vida? ¿Crees que Dios me condenará en el infierno por toda la eternidad?

—De seguro a Dios no le gustará que botemos a la basura el más grande regalo que nos ha dado, más aun si estás sana, no tienes problemas físicos, y por tu atuendo y el carro que tienes parqueado al borde del puente, tampoco pareces tener problemas económicos. Sin embargo, y aunque el sexto mandamiento dice "No matar", no hay en la biblia nada que nos diga si Dios tiene o no, algún castigo particular para los suicidas.

—La verdad yo no sabía que en la Biblia hablaban sobre el suicidio —dijo la joven.

—Sí, de hecho, hay varios episodios de suicidios en la Biblia. Por ejemplo Saúl, el primer rey de Israel, para evitar ser capturado por sus enemigos los filisteos luego de perder una batalla, se quitó la vida con su propia espada, y lo mismo hizo su escudero.

Zimri fue otro personaje bíblico, quien al matar a su propio rey, gobernó Judá por unos días, pero se suicidó cuando supo que el pueblo entero quería su cabeza por haber matado a su antecesor.

Uno muy conocido fue Sansón, quien engañado por su mujer, le contó que si era rapado perdería su fuerza, y ella esperó a que durmiera para cortar su cabellera y luego permitió los Filisteos, sus enemigos, lo capturaran a cambio de unas monedas. Ellos le sacaron los ojos y luego se dispusieron a celebrar; en medio de aquella celebración mandaron traer a Sansón para burlarse de él, pero Sansón se apoyó en medio de dos columnas del palacio y pidiéndole a Dios que le devolviera su fuerza por última vez, empujó las columnas y derrumbó el techo, dándole muerte a todos los que allí estaban y muriendo él también con ellos.

También está el ejemplo de Judas, de quien se dice que, luego de haber entregado a Jesús, y al darse cuenta de que lo habían condenado, devolvió la paga que había recibido y luego se ahorcó... bueno, eso dice San Mateo, porque en Hechos dice que él falleció al caerse por el barranco de un terreno que había comprado con el dinero obtenido. Pero no nos desviemos del tema, esos ejemplos son solo unos de los varios versículos de la Biblia en donde hablan del suicidio, y lo común en todos ellos es que simplemente se comenta el suceso y su motivo, más no indican alguna opinión de Dios o castigo divino por haberlo hecho.

—Entonces, si no hay pruebas de que Dios me condenará por quitarme la vida, me has quitado el último obstáculo mental que tenía para hacerlo. —Respondió la joven.

—Escucha, diariamente mueren más de ciento cincuenta mil personas en el mundo, y de ellos, alrededor de tres mil muertes son por suicidios, así que no sé qué castigue Dios peor, si a los que se quitan la vida o a los que desperdician su vida sin hacer nada valioso con ella; creo que será imposible saber cómo Dios condena los malos actos.

¿Qué será peor visto por él? si un suicidio, un asesinato, o ver que cientos de personas mueren diariamente por desnutrición o imposibilidad de pagar un tratamiento médico, sin que a la gran mayoría de las personas nos importe o hagamos algo para remediarlo, ¿acaso evitar que alguien muera, teniendo la forma de hacerlo, es menos grave que matarlo?

»No se trata de aprovechar nuestra vida por temor al castigo que nos impondría Dios por no hacerlo, se trata de valorarla porque es un regalo único, que no sabemos si lo vamos a tener de nuevo. Hay muchas personas que nacen en la miseria, o con severos problemas físicos o mentales, que le dificultan encontrar la felicidad, pero los que hemos tenido el privilegio de nacer sanos, pienso que debemos nuestras infelicidades a nosotros mismos, a los actos y decisiones que tomamos.»

–Tienes razón, eso es cierto –dijo ella–. ¿Pero si llega un punto en el que hemos tomado ya tantas decisiones malas, que no hay manera de mejorar, no es mejor retirarse del juego?

–Como dije, lo malo de la infelicidad es que, en gran medida, nosotros mismos nos la generamos, pero lo bueno, es que así mismo es la felicidad, depende en gran medida de nuestros actos. Salirse del juego cuando uno va mal, significa quitarse la opción de intentar mejorar las cosas; es como si estuvieras jugando cartas, tan mal, que aun cuando empezaste con cien fichas, ya solo te queda una, entonces estás tan desesperado, tan de mal humor, tan triste y tan aburrido, que te sales del juego, ¿qué pasa en ese momento? Que acabas de perder la posibilidad de mejorar, porque ya no podrás entrar a jugar de nuevo, te habrás quedado con una ficha en la mano, que no se puede cambiar por nada y que no sirve para otra cosa que jugar el juego que estabas jugando.

–Pero, y si te quedas jugando y al final pierdes también la única ficha que te quedaba, ¿no sería peor?

–No, no sería peor, como mucho sería igual, ya que de nada hubiese valido que te quedaras con esa ficha en la mano, puesto que fuera del juego, no hubieras podido hacer nada con ella. Así mismo es la vida, es una ficha que no se puede cambiar por otra cosa, la vida solo sirve para vivirla, y si al final intentas mejorar tu juego, y aun así no mejora, por lo menos lo intentaste y seguramente habrás aprendido cosas nuevas en el intento. Al final del juego no podremos llevarnos nada de lo que quede sobre la mesa, solamente lo que hayamos aprendido mientras jugábamos, al quedarte y seguir jugando, aun cuando tu partida vaya mal, estás ganando más tiempo de juego, y con él la posibilidad de vivir y aprender más cosas.

Por unos segundos ambos se quedaron callados, Danny quería subirse a la baranda del puente para poder estar un poco más cerca de aquella joven y así poder agarrarla si intentaba lanzarse, pero sabía que no podía hacerlo sin alterarla, al menos que se ideara algo, entonces se quitó la chaqueta y dijo:

–Está comenzando a ventear. Ponte esta chaqueta.

La joven no contestó pero tampoco hizo algún gesto que mostrara oposición, pues el día, aunque había comenzado con una mañana soleada, ya se había tornado en una tarde algo fría, con viento y unas gotas de lluvia, así que Danny se montó en la baranda y extendió su brazo para entregarle la chaqueta. Ella esperó por unos segundos, mirándolo fija y cautelosamente, luego la recibió y se la puso.

–¿No estarías asustado si supieras que estás hundido hasta el cuello de problemas, si ya te hubieras hecho mucho daño e incluso hubieras dañado a todos los que te aman, y que al seguir vivo podrías seguirles haciendo daño? –Dijo la joven, mientras se ponía la chaqueta.

–Estaría lleno de miedo –Respondió Danny–, pero no porque en una ocasión se haya fallado significa que siempre que se intente se volverá a fallar, pensar así sería quedarse enjaulado sin que exista una prisión verdadera más que tus propios temores y tu propio desaliento, caerías en la trampa que caen los elefantes de un circo.

La joven volteó a mirar a Danny y preguntó:

—¿A cuál trampa te refieres?

Danny sonrió pues sabía que ya estaba logrando acercarse a ella, así que continuó relatando la historia diciendo:

—La trampa es que todo elefante entra al circo cuando es pequeño, y para evitar que intente escapar mientras es domado, es encadenado de una pata al suelo, la cadena realmente no es muy gruesa y sería muy fácil de romper para cualquier elefante adulto, pero no así para uno pequeño, por lo cual, todos los elefanticos intentan escapar sin poder romper la cadena; lo intentan por semanas enteras, hasta que al final, agotados, un terrible día para su mente, dejan de intentarlo, pues sellan en su cerebro la idea de que es imposible hacerlo. Al pasar los meses, aquellos elefanticos crecen rápidamente y lo curioso es que nunca les cambian la cadena, pues ellos nunca vuelven a intentar escapar.

—Qué buena historia, nunca antes la había oído —dijo la joven.

—No puedes dejar de intentar lograr lo que quieres, solo porque un día lo intentaste y fracasaste. Obtener lo que se desea no suele ser sencillo, y aun cuando tengas gente a tu lado que te estime y te quiera ayudar, nadie podrá vivir tu vida por ti, así que hasta que tú no comiences a llevarla por los caminos en que quisieras andar, por más que ores o te quieran ayudar, no tendrás control sobre tu destino. Escucha este consejo, San Agustín dijo:

"Reza como si todo dependiera de Dios y trabaja como si todo dependiera de ti".

»De vez en cuando tienes que parar y sacudirte, liberarte de todo aquello que te pesa y no te deja avanzar, cosas como los malos recuerdos, las malas compañías, los temores, los malos hábitos o las culpas por errores cometidos, y después de hacer ese alto, hay que continuar dejando todo eso atrás y trabajar duro para seguir adelante y triunfar en el futuro.»

–Es muy fácil decirlo pero muy difícil lograrlo –contestó ella.

–Estoy de acuerdo –respondió Danny– y es porque nosotros mismos podemos llegar a ser nuestro mejor amigo o nuestro peor enemigo, ya que somos la persona más influyente sobre nuestras propias vidas, somos con quien más veces tendremos conversaciones y quien mejor nos puede conocer, eso hace que en ocasiones nos sea difícil aceptar que somos nosotros mismos los culpables de nuestros problemas, y nos sea más fácil decir que es la sociedad, la familia, el gobierno, o el destino, pero hasta que no aceptemos que somos nosotros mismos los responsables de casi todo lo que nos sucede, seguiremos encadenados.

»Tú eres quien más puede influir en ti, así que ante cada cosa que te sugieras hacer o decir, analiza si lo estás haciendo desde la perspectiva correcta, ya que puedes cambiar o puedes no hacerlo, no hay normas al respecto, no creo que Dios deje de querernos por eso, no es necesario lograr ser siempre el mejor en todo, pero es mejor vivir una vida de la que uno mismo se sienta orgulloso, y si hoy no es así, lo bueno es que cada día tenemos la oportunidad para empezar de nuevo.»

—Tú me hablas de muchas cosas que suenan bien y mencionas mucho a Dios, así que supongo que eres muy religioso, pero seguramente nunca has estado en una situación tan difícil que te haya hecho pensar en quitarte la vida —dijo la Joven, mientras miraba de nuevo hacia el precipicio.

—Aunque te sea difícil de creer, hace justo un año yo estaba montado sobre un puente, queriéndome quitar la vida, pero tuve la fortuna de que alguien apareció en ese momento e hizo que mi vida diera un giro, uno que espero yo lograr que tú tengas también, ya que hoy es uno de esos días en que tú puedes estar siendo tu peor enemigo.

»No quiero con esto hacerte sentir la peor de las personas por querer atentar contra tu vida, como te dije, diariamente miles de personas lo hacen, hasta a tu mayor héroe o heroína, quizás le pasó por su mente quitarse la vida en algún momento, pero posiblemente por las cosas que hizo después, hayan sido por las que hoy le admiras.

»Si en el pasado hiciste actos por las cuales te aborrecen o te hacen sentir mal, pues en vez de seguir pensando en ellas, mejor comienza a hacer cosas por las cuales te quieran y te hagan sentir mejor, y quizás todo comience a mejorar.

»Hace un año yo estuve parado, al igual que tú, en el borde en un puente, desesperado porque toda mi vida era un desastre, pero hoy estoy feliz de estar vivo, todos los problemas que tenía quedaron atrás y todo por lo que sufría hoy ya no tiene mayor importancia. Hoy me avergüenzo de haber querido quitarme la vida, y esa vergüenza es conmigo mismo, pues me hubiera perdido de todas las cosas buenas y malas que he vivido este año, y todas las que viviré. Hoy agradezco haber conocido a la persona quien se tomó el tiempo de hablar conmigo aquella noche, hoy le agradezco a Dios haberme permitido continuar viviendo; hoy puedo decir que estoy feliz de que me hayan lanzado de un puente y haber sobrevivido para contárselo a alguien que está igual a como yo estaba en aquel momento.»

–No entiendo –Dijo la joven–. Pensé que la historia era que tú te querías lanzar de un puente, no que te habían lanzado.

–Si te dejas invitar a tomar un café, te cuento la historia completa, si luego de que me acompañes, aun deseas saltar del puente, puedes regresar más tarde a este mismo lugar... no pierdes nada conociendo a un nuevo amigo, y el puente no se va a ir para ningún lado.»

La joven sonrió, miró a Danny por unos segundos y luego asentó con la cabeza; Danny entendió de inmediato el gesto y estiró su brazo para ayudarle a bajar, pero el piso estaba resbaladizo por la llovizna que estaba cayendo y la joven tenía puestos unos zapatos de tacón alto, por lo que al dar el paso resbaló y todo su cuerpo tambaleó sobre la estrecha baranda del puente, tanto que perdió completamente el equilibrio y se dispuso a caer. De inmediato Danny intentó cogerla antes que cayera pero el cuerpo de la joven ya estaba fuera de la baranda y aunque él logró agarrar un extremo de la misma chaqueta que le había prestado, la inercia del cuerpo cayendo hizo que él también resbalara.

Ambos cayeron, pero por suerte, el cuello de la chaqueta que la joven se había puesto, quedó enredado en un pedazo de varilla que salía de la estructura del puente. La joven gritaba de pánico, agitando sus pies y manos, mientras Danny se aferraba con una mano a la misma chaqueta, para no caer al vacío.

Transcurrieron tan solo siete segundos, pero fue tiempo suficiente para que Danny recordara que su misión no había sido encontrar a su padre sino salvar otra vida y que quizás, todas las enseñanzas de Arial y todas las conversaciones que había tenido con sus abuelos habían sido con el objeto de aprender las palabras adecuadas para evitar que esa joven saltara y se quitara la vida; también fue tiempo suficiente para ver que la chaqueta estaba rasgándose y no aguantaría mucho sosteniendo el peso de ambos y que desde su posición no le iba a ser posible alcanzar la baranda del puente para subirse de nuevo, y que aunque ella sí tenía una posición más fácil para lograrlo, le sería imposible subirse cargando con el peso de él, así que luego de esos largos sietes segundos, Danny le habló con un tono muy pausado pero fuerte, para que ella lograra escucharlo entre sus gritos.

–¡MÍRAME!... deja de gritar y mírame.

La joven, dejó de moverse y miró hacia abajo.

–¿Cómo te llamas?

La joven estaba tan perturbada que, aunque había escuchado la pregunta, no lograba contestar nada.

–Rápido, dime tu nombre, no quiero morir sin saberlo –replicó Danny.

–Ana – Contestó la Joven.

Danny sabía que el discurso se había terminado, que no había tiempo para dar más consejos y animarla a seguir con vida, pues con el peso de ambos, la chaqueta no aguantaría más que unos segundos antes de romperse por completo, así que habló rápidamente:

–Ana, te entrego mi vida para que tu vivas la tuya, has que este salto valga la pena.

Al terminar la frase, Danny le guiñó un ojo a Ana y, mostrando una cara de total paz interior, le sonrió mientras soltaba la chaqueta que lo aferraba a ella. Ana lo vio caer horrorizada, hasta que el cuerpo de Danny se sumergió en el río, y solo el sonido de la chaqueta al continuar rasgándose, le hizo reaccionar y tomar fuerzas para subirse de nuevo a la baranda del puente; una vez a salvo, volvió su cara al río para ver si encontraba a aquel desconocido que le acababa de salvar la vida, pero solo se veía el agua correr y a Danny no lo vio más.

Capítulo 13

Reencuentro

"Todo lo que se mueve, alguien lo está moviendo"
Aristóteles
(384 a. C. - 322 a. C.)

Ana se quedó mirando el río por varios minutos hasta aceptar que aquel joven no saldría a flote de nuevo; Luego pensó que debía reportar el accidente a las autoridades, y como no sabía su nombre, se dirigió al carro que Danny había alquilado, en donde encontró toda la información de él. Llamó a la policía y, sin decir todo lo ocurrido, reportó que había visto caer a alguien del puente y que su vehículo aún se encontraba estacionado en aquel sitio. La policía llegó a los pocos minutos. Como declaración, Ana dijo que vio caer a un joven que se había detenido a mirar el paisaje; la policía comenzó de inmediato la búsqueda en el río e informaron a su madre de lo sucedido, obteniendo su teléfono por medio de los datos que Danny había dejado registrados en la agencia donde rentó el vehículo.

Mariana, su madre, viajó de inmediato a aquella ciudad, y pasó toda la noche en la estación de policía esperando noticias de su hijo; Ana también pasó la noche allí acompañándola. Aunque en un comienzo pensó que si ella supiera toda la historia de lo sucedido, la culparía de que su hijo se hubiera ahogado, al final decidió contarle puesto que concluyó que era mejor que supiera que él había fallecido salvando la vida de otra persona.

Al contrario a lo que Ana esperaba, Mariana se quedó muy tranquila al escuchar toda la historia, de hecho le alegró tanto saber Danny no había intentado suicidarse de nuevo y que había ayudado a esa joven, que le contó a ella que él también había pasado por un momento similar pero que, por fortuna, se había salvado y luego de eso su actitud ante la vida había mejorado enormemente, así Ana confirmó que era cierto lo que Danny le había contado.

Ambas pasaron la noche juntas en la estación de policía, al amanecer un agente les informó que el cuerpo de Danny había sido encontrado río abajo, a un par de kilómetros del puente, y que había sido llevado al hospital central. El policía que las llevó al hospital no quiso confirmarles que él estaba muerto, ya que consideró que era tarea del médico que había recibido el cuerpo, pero sí les dijo que debían prepararse para cualquier noticia, ya que no podían olvidar que Danny había estado muchas horas en el río.

Al llegar al hospital, en la recepción les dijeron que se sentaran y que debían esperar al médico que había recibido a Danny, pero no quisieron darle ninguna respuesta concreta sobre su estado.

Pasados unos minutos, Mariana no aguantó más y comenzó a llorar; Ana intentó consolarla con un abrazo, pero ella continuó llorando hasta el momento en que el médico se les acercó para hablarles.

–Disculpen, ¿son ustedes las familiares de Danny? –Preguntó el médico, y cuando Mariana miró hacia arriba, vio con sorpresa que el médico que estaba parado frente ellas era alguien conocido.

–¿Qué haces tú aquí? –Preguntó Mariana.

–¿Mariana, eres tú? ¡Qué sorpresa volver a verte! No sé qué decir. Trabajo en este hospital hace un par de años, soy el médico que recibió al joven que se cayó del puente, ¿tú lo conoces?

Por unos segundos Mariana quedó sin habla, pues no podía a creer que quien le daría noticias sobre el estado de su hijo, era Samuel, su propio padre, quien seguramente sin saberlo, lo había recibido en aquel hospital.

Capítulo 14
Un último puente que cruzar

> *"Las personas no son recordadas
> por el número de veces que fracasan,
> sino por el número de veces que tienen éxito,
> así que no importa cuántas veces fracases,
> sino que al final triunfes"*
> Thomas Alva Edison
> (1847 - 1931)

Danny abrió los ojos, y sobre él vio una hermosa noche de luna llena; su cuerpo estaba tendido en el suelo y aunque no comprendía como había llegado allí, sentía gran paz interior y ninguna preocupación. La noche le resultaba tan mágica que Danny no quería incorporarse. Sin embargo el palmoteo de unos aplausos le hicieron voltear la mirada.

A un costado del puente estaba Arial, quien luego de aplaudir un par de veces, le dijo:

—Bien hecho Danny, lo lograste.

Danny reconoció la voz de Arial y mientras se levantaba del suelo contestó:

–Ya se me estaba haciendo extraño que llevaras tanto tiempo sin aparecer, cuéntame ahora de que puente me vas a lanzar.

–Ya no es necesario saltar de más puentes, de hecho, este será el último puente que debas cruzar, y no tendrás que hacerlo saltando, tan solo caminar hacia el otro lado... te lo has ganado.

–¿Qué es lo que me he ganado? –Preguntó Danny, un poco intrigado pero sin perder la calma que generaba el ambiente que los rodeaba.

–Te has ganado la oportunidad que cruzar el puente, oportunidad que estuviste a punto de retrasar al querer quitarte la vida.

–Un segundo –dijo Danny–. ¿Dónde estamos?

–Considero que eres lo suficientemente astuto para saberlo... mira a tu alrededor.

–Estamos en el mismo puente en que nos conocimos hace un año...

–¿Estás seguro? Mira bien.

–Parece el mismo puente, pero el paisaje está un poco extraño, creo nunca había visto una noche tan hermosa como esta.

–Danny, eso es porque estás muerto y lo que ves es una manera de cómo tu ser quiere ver este momento.

–¿Muerto?

–Sí, moriste al caer del puente, mientras ayudabas a Ana, pero igualmente hubieras muerto hace un año, cuando querías quitarte la vida, solo que en esta ocasión, antes de morir salvaste a una persona y con eso te has ganado la oportunidad de seguirme al otro lado.

–Es cierto, ahora lo recuerdo –Contestó Danny con tanta tranquilidad, que él mismo se sorprendió de que no le asustara o impresionara, haber escuchado que estaba muerto, en cambio sí se cuestionó sobre otros dos asuntos.

–Arial, ¿por qué al despertar no recordé a Ana, ni tampoco que me había soltado del puente para salvarla? Se supone que fue lo último que viví, y solo lo recordé cuando tú me lo contaste.

–Entiende, estás muerto, en este momento tus recuerdos no funcionan igual; cuando estás vivo, tu cerebro le da prioridad a las cosas que te angustian, sean estas o no trascendentales. Ahora no tienes angustia de morir porque ya lo estás; tampoco te angustia el haber hecho algo malo, porque en tu interior sabes que en el último año fuiste un buen hijo, y también te esmeraste por la noble causa de querer juntar a tus padres, además terminaste tu vida salvando la de otra persona; por todo eso es que no sientes ninguna angustia. Para que lo entiendas mejor, analiza que pensaste cuando abriste los ojos.

–Bueno, curiosamente no me preocupó entender el por qué estaba tirado en el suelo, y mientras contemplaba el cielo, recordé todas las enseñanzas que escuché de mis abuelos y las cosas que aprendí de los libros que leí cuando trabajé en la librería.

–¿Y cuáles fueron esas enseñanzas?

–Fueron muchas cosas, algunas simples otras más profundas.

–Cuéntame algunas de ellas –Dijo Arial, mientras caminaba con Danny hacia el otro lado del puente.

–De las conversaciones con mis abuelos recuerdo lo importante de siempre pensar positivamente, de tener la voluntad de cambiar las actitudes propias que no nos gustan, de cuidar tu salud y tu imagen, porque el cómo te veas suele ser el reflejo de cómo llevas tu vida y porque de eso depende en gran medida como te tratarán; de tener metas claras, que el fracaso o el triunfo están inevitablemente enlazados a la manera de cómo te comportas contigo mismo y con los que te rodean; que si tienes éxito también tendrás dinero, pero si tienes dinero, no necesariamente tendrás éxito, y que no es cuanto se tiene lo que te hace feliz sino cuanto se disfruta lo que se tiene, lo que te dará felicidad...

»Finalmente, creo que lo más importante de todo esto vivido es el haber entendido que aun si se pudiera, no necesariamente el cambiar todos nuestros malos momentos vividos en nuestro pasado, implicaría obligatoriamente tener un mejor presente y que quizás si no hubiéramos vivido todos aquellos errores, no tendríamos en el presente la experiencia y herramientas suficientes para construir un mejor futuro.»

–Es bueno saber que aprendiste algo y no fue en vano haberme esforzado tanto contigo... hasta aquí llega mi ayudan Danny, el siguiente paso lo debes dar tu solo –dijo Arial, mostrándole que ya habían llegado al final del puente.

–¿El siguiente paso hacia dónde? –Preguntó Danny

–No es explicable con palabras, sería imposible hacerlo, así que solamente lo entenderás cuando lo experimentes tú mismo... te deseo la mejor de las suertes, Danny.

Danny se quedó mirando a Arial por unos segundos y luego dijo:

−Arial, cuando te conocí, pensé que querías aprovecharte de mí, luego pensé que solo estabas jugando con mi destino y disfrutabas de mi sufrimiento, pero ahora entiendo que siempre quisiste ayudarme.

−Solo quería que lograras llegar al final de este puente con las menos cargas posibles. La vida es como un puente que debes cruzar de un lado al otro, y en el camino tendrás oportunidad de vivir muchas experiencias, algunas de ellas gratas y otras no tanto.

»Pero lo más importante es aprender de lo vivido e intentar ayudar a otros a cruzar el suyo, si alguien se lanza de su propio puente, sin caminarlo hasta donde más pueda, solo caerá a otro puente que está más abajo del actual, por lo que tendrá que cruzar de nuevo todos los puentes que haya caído para poder llegar en algún momento al mismo punto del que se ha lanzado.»

−Y si al salvar a esa joven, no me hubiera caído del puente, ¿cómo hubiera vivido sin contar toda la aventura que me permitiste vivir?

−Danny, tú ibas a morir hace un año, si yo no hubiera intervenido, seguramente te hubieras quitado la vida aquella noche en el puente, así que simplemente te usé para que poder salvarle la vida a Ana, pues yo no podía aparecer en su vida sin causarle un trastorno. Ella es ser muy especial, que si retoma su camino, tiene un largo trecho que recorrer. Mucho por hacer y que aportarle al mundo.

−¿O sea que me salvaste para que yo la salvara?

–Ningún destino está totalmente escrito, yo no sabía si lo logarías o no, solo creí en ti y te puse en su camino. Tú lograste salvarla por ti mismo, y al final fue decisión solo tuya el sacrificarte por ella, eso ni siquiera yo me lo esperaba.

–Y si ella no hubiera resbalado y no hubiera habido necesidad de soltarme del puente para salvarla, ¿qué hubiera pasado después?

–Te dije que no todo el destino está escrito, así que no tengo respuesta para eso... aunque es posible que te hubiera hecho chocar en el carro para poder traerte a este momento. –respondió Arial, sonriendo.

–¿O sea que de todas formas iba a morir hoy, sin importar lo que pasara?

–Ya te dije que no todo el destino está escrito, a cada segundo que pasa todo presente puede cambiar, y cada cambio, por sutil que sea, puede modificar trascendentalmente cualquier futuro previsto.

–Entiendo.

–No, en realidad sé que no lo entiendes en su totalidad, pero no tienes que comprenderlo todo a la perfección, basta con que entiendas que tus actos y decisiones propias son partícipes indiscutibles de tu presente y futuro, o sea que todos son actores de su destino.

»Bueno Danny, ya es hora que cruces el puente...»

–¿Y al cruzarlo no volveré a ver a mi madre?

–Quizás no.

–¿Y qué pasará con Ana?

–Ella se salvó gracias a ti, ahora su destino debe forjarlo por sí misma.

–¿Y por qué ella es tan especial? ¿Descubrirá la cura para alguna enfermedad, o algún invento trascendental para la humanidad?

–¡Hehe! –Sonrió Arial entre dientes–. No, nada de eso, ella es una artista excepcional, danza y canta como ninguna, y es además una violinista sublime, hay pocos con talentos como el de Ana.

–¿Y por eso es tan importante?

–A punto de dar el paso más importante de tu historia y sigues siendo el mismo tonto de hace un año, ustedes no suelen entender nada de lo que les rodea, le dan demasiado valor al oro, algo que no inventaron ustedes sino que ya estaba en la tierra desde antes de que nacieran, y que ni siquiera lo suelen usar como debieran, en cambio subvalorar cosas como el arte, la música y el baile, que sí son creaciones propias del hombre y a la vez son los mayores enriquecedores de su alma; pueden elevarte y transportarte mentalmente, hacerte reír y llorar a la vez, y pueden cambiar por completo tu estado de ánimo. El arte puede influir tanto en la vida de las personas, que puede cambiar el mundo. Piensa tonto, ¿el nombre de quien recuerdas más rápido? ¿De quien pintó la capilla Sixtina, o del banquero más rico del mundo? ¿Cuál de los dos va realmente a trascender a través de los tiempos?

–Nunca lo había visto de esa manera –Respondió Danny.

–El hambre o la pobreza, pudieran ser controlados por la misma humanidad, pues el mundo tiene alimentos y riquezas suficientes para todos. La mala repartición de los recursos o la sobrepoblación son cosas del hombre, así que él mismo debe superarlo, pero sé que nunca lo habías visto de esa manera, ya tendrás oportunidad de pensarlo más tarde, es hora de cruzar el puente.

–Arial, me da un poco de tristeza saber que no pude reunir a mis padres de nuevo.

–Ellos estarán bien, ya no debes preocuparte por eso... cruza el puente ya.

–¿Y mis padres se volverán a ver?

–Sí, ellos se volverán a ver.

–¿Sí? Bueno, eso me alegra mucho, al menos no me necesitarán para encontrarse de nuevo.

–Todo lo contrario Danny, tú cumpliste tu propósito; al salvar a esa joven, también cambiaste el destino de tus padres. Cuando caíste del puente, Ana llamó a la policía y ellos encontraron tu cuerpo y contactaron a tu madre; además tu cuerpo fue llevado al mismo hospital en el que actualmente trabaja tu padre, así que cuando tu madre llegó a buscarte, se reencontraron.

–Qué bien planeado hiciste todo. ¿Así que hiciste que mis padres se juntaran y que Ana viviera, sin que nadie se enterara de tu intervención?

–Danny, pareciera que no escucharas cuando hablo, yo no controlo el destino, ni siquiera sabía que ibas a intentar salvar a Ana, mucho menos sospechaba que iban a caer del puente, ni que tu sacrificarías tu vida por alguien que ni conocías; cada quien va forjando su vida, y a su vez, el accionar de cada persona influye en muchas otras, aun cuando los demás lo desconozcan. Diariamente, nuestras acciones, no solo afectan nuestro destino, sino también el de cientos de personas más.

—Ahora lo entiendo, cualquier detalle puede generar grandes cambios, incluso en personas que ni siquiera conocemos, y quizás nunca nos enteraremos.

—Correcto.

Danny se quedó pensando por unos segundos, y luego continuó diciendo:

—El dolor de mi madre debe ser enorme por mi muerte, y mi padre muy seguramente se sentirá bastante amargado de haber conocido a su hijo solo cuando este ha muerto. Será un momento muy triste el que les haré vivir a ambos.

—Es curioso, por lo general, en estas instancias, debieras estar con plena paz interior y no estarte haciendo tantos cuestionamientos, más aun cuando actuaste de manera correcta. Para que te tranquilices, aunque es cierto que ellos sí se entristecerán por tu muerte, también estarán muy orgullosos de lo que hiciste por Ana, ya que ella les contará todo lo que sucedió.

»Danny, no te preocupes ya por su destino, ellos estarán bien, ahora debes continuar con tu camino, al final todos deben continuar con el suyo.»

—Pero me hubiera gustado verlos de nuevo juntos, compartir cosas con ellos, si cruzo este puente no podré hacerlo, ¿cierto?

Danny paró justo a unos pasos antes de llegar al final del puente, luego del final todo era oscuro, no lograba ver nada más, y aunque no sentía ya ningún temor y de hecho sospechaba que todo lo que acontecería luego de cruzar esa oscuridad sería bueno para él, sintió un gran deseo de volver a ver a sus padres, y de poder corregir el rumbo de su vida actual, sin tener que abandonarla tan pronto. De repente se le ocurrió la idea de salir corriendo en sentido contrario, aun sin saber qué ocurriría, aunque de inmediato supuso que Arial lo alcanzaría.

Arial se quedó mirándolo por unos segundos, analizando los pensamientos de Danny, finalmente dijo:

–Danny, ahora comprendo que no estás listo para cruzar este puente, parece que aún no te lo has ganado, y tienes cosas por vivir y resolver en esta etapa, si no fuera así, no estarías tan angustiado.

–Cambio de planes, mucha suerte mi joven amigo y muchas gracias por ayudarme con Ana.

No hubo tiempo para que Danny pensara alguna respuesta o hiciera alguna otra pregunta, de inmediato comenzó a sentir que descendía a gran velocidad, como si hubiera traspasado el piso del puente, y que éste ahora fuera transparente, ya que mientras bajaba podía ver cómo Arial permanecía en el mismo lugar, observándolo descender y alejarse cada vez más y más abajo, hasta que la hermosa luna llena que había visto, no parecía más que un punto de luz en la distancia.

Ese pequeño punto de luz fue lo único que vio Danny durante un tiempo indeterminado que le pareció una eternidad, pero mientras flotaba, en un descenso lento y oscuro, la paz y serenidad volvieron a abrigarlo.

No supo cuánto tiempo pasó en total oscuridad, al final dejó de pensar, solo se dejó llevar por la inigualable sensación de tranquilidad que lo acompaña, hasta que comenzó a escuchar unas voces; al comienzo no pudo entender lo que decían pero rápidamente supo que una de ellas era la de su madre; justo en ese mismo momento empezó a sentir un gran dolor en todo su cuerpo, dolor que de inmediato asoció con los mismos que había sentido al despertar luego de cada caída de los puentes.

Con mucho esfuerzo comenzó a abrir los ojos; claramente escuchó cuando su madre dijo "parece que está despertando".

Estaba de nuevo en la habitación de un hospital, a su lado derecho estaba su madre, quien lo miraba fijamente y con una gran expresión de felicidad. Al voltear el rostro vio que Ana también lo acompañaba, ella le sonrió y le hizo un tímido saludo con la mano.

Danny la contempló por unos segundos logrando apreciar que aunque se notaba cansada, se veía mucho más radiante y linda que cuando la conoció en el puente.

En ese momento entró un hombre con bata blanca a la habitación.

–¿Ya despertó Danny? –Dijo el médico al entrar.

–Sí, acaba de despertar –Contestó su madre, y prosiguió diciendo: Danny, ¿sabes quién es él?

Desde que entró, Danny reconoció quien era, pero evitó demostrar que ya lo sabía.

Su madre esperó unos segundos a que Danny mirara al médico y luego dijo:

–Sé que te sorprenderás al saberlo, pero él no solo es el médico que te está atendiendo... es tu padre.

Danny sonrió, y le estrechó la mano.

Por los medicamentos, pronto volvió a quedarse dormido, pero antes de hacerlo su madre escuchó cuando él susurró diciendo, "Gracias Dios".

FIN

"La tristeza por el fracaso, aunque esté justificada, muchas veces es sólo pereza, pues nada necesita menos esfuerzo que estar triste. La felicidad requiere trabajo; considera entonces las contrariedades como un ejercicio para ser mejor, ya que aunque no siempre podamos evitarlas, sí podemos vencerlas y aprender de ellas."

Lucio Anneo Séneca
(4 a. C. - 65 d. C.)

Capítulo 15

Un buen final no tiene que ser perfecto para ser grandioso

"Dios no es un ser indiferente o lejano, no estamos abandonados a nosotros mismos."

Karol Jósef Wojtyla,
Papa Juan Pablo II
(1920 - 2005)

—Arial, lo lograste, fue excelente como reuniste de nuevo a sus padres, y cómo pudiste salvarlo a él y a la joven, todo en una sola jugada y sin que se notara tu influencia.

—Sí, pero creo que fue pura suerte, la verdad es que yo no imaginé este final, Danny lo hizo casi todo, nunca me imaginé que se empeñaría tanto por encontrar a su padre y que él viviera en la misma ciudad de Ana; cuando llegó a aquel lugar simplemente lo puse en el camino de encontrarse, pero nunca estuve seguro de que lograría salvarla, ni menos aún que se salvaría a sí mismo al sacrificarse por ella. No se notó mi influencia porque prácticamente no la tuve.

—Qué curioso, entonces quizás te ayudaron un poco.

—Es lo más seguro, aun cuando no siempre lo sintamos cerca, nunca estamos abandonados a nosotros mismos.

—Así es, pero de nuevo dejaste un final lleno de agujeros, que difícilmente cuadra.

—Un buen final no tiene que ser perfecto para ser grandioso, además después de dos caídas de un puente, su cabeza poco recordará de lo vivido, y lo poco que recuerde le parecerá locura incluso a él mismo.

—Pero si lo olvida todo, al final no habrá aprendido nada.

—Recordará que lo aprendido habrá sido de todos los libros que ha leído el último año trabajando en la librería, y de alguna manera es cierto. Verdaderamente todos debieran leer mucho más, leer un libro es lo más cercano a poder penetrar en la mente de un desconocido y aprender de sus experiencias.

—Es cierto, pero incluso modificaste algunas cosas del pasado.

—Detalles sin importancia.

—Todo detalle importa Arial, tú también sabes eso, además no está permitido.

—¿Quién lo dice?

—Todos lo sabemos.

—No está permitido ni siquiera tener contacto directo.

—¿De dónde sacamos todas esas normas?

—Todos las sabemos, tú también.

–A veces pienso que son todas invenciones nuestras, quizás para nosotros también haya un libre albedrío y solo recordar que debemos amar a Dios sobre todas las cosas y amar, perdonar y ayudar a nuestros prójimos.

–No lo creo.

–No lo crees, pero no estás seguro de que estés en lo correcto, igual pienso yo, pero prefiero creer que sí, tampoco a nosotros se nos aparece a diario para sacarnos de nuestras dudas, así que creo que él confía en que intentaremos hacerlo lo mejor posible.

–Casi me convences, pero creo que estás buscando la manera excusar tus actos.

–Puede ser, pero aun si me equivoqué de nuevo, he pensado que para nosotros también aplica que aun cuando hayamos cometido errores en el pasado, siempre él nos apoyará si sabe que estamos trabajando por una buena causa, solo hay que seguir luchando, solo hay que seguir teniendo fe.

Índice

Dedicatoria 7
Mensaje para los lectores 9
Introducción 11

Capítulo 1
Viviendo una pesadilla 13

Capítulo 2
De regreso al momento de tu vida que
desearías cambiar 33

Capítulo 3
¿Qué se gana y que se pierde, si se pudiera
cambiar el pasado? 39

Capítulo 4
Para nacer de nuevo, primero hay que morir 47

Capítulo 5
Conociendo a tu propia familia. 53

Capítulo 6
Una noche con mis ancestros. 67

Capítulo 7
Arial 85

Capítulo 8
Continuar aprendiendo 87

Capítulo 9
   La historia de mis padres.. 99
Capítulo 10
   Vuelven los problemas... 107
Capítulo 11
   De regreso al presente... 113
Capítulo 12
   Saltando del puente 121
Capítulo 13
   Reencuentro 135
Capítulo 14
   Un último puente que cruzar 139
Capítulo 15
   Un buen final no tiene que ser perfecto para
   ser grandioso... 151